「教室の未来」を創る12の教育実践

「学び合う教室文化づくり」による教室改革

古 屋 和 久

世織書房

「教室の未来」を創る12の教育実践・目次

■

第2章
「ひと」・人間関係をつくる

実践7・「自主学習」の取り組み
●「主体的な学び」のある家庭学習 ・・・・・・・・・・・・・・・・・・・・・ 118

実践8・保護者の学習参加
●保護者も子どもたちと一緒に学ぶ教室 ・・・・・・・・・・・・・・・ 140

実践 11・教科書の読み方

実践 12・教科日記

［凡例］

1、本文および引用文中の名前はすべて仮名です。
2、引用文中の下線は引用者の協調、（　）内は引用者による注記です。

「教室の未来」を創る 12 の教育実践

序章 「学び合う教室文化づくり」が「教室の未来」を創る

「素敵なこと」が起きる
教室

1・「学び合う教室文化づくり」が教室にもたらす「素敵なこと」

　本書は、「学び合う教室文化づくり」の12の実践を紹介します。この実践に取り組むことで、教室に「素敵なこと」が起こります。「素敵なこと」とは、学力テストの点がアップすることでしょうか？　いじめや不登校が少なくなることでしょうか？

　「学び合う教室文化づくり」は、学力テストの点数アップをめざす実践でも、いじめや不登校対策を目的とした実践でもありません。しかし、「学び合う教室文化づくり」に取り組むことで、子どもたちや教室にさまざまな「素敵なこと」が起きるのです。

　どんな「素敵なこと」が起きるのか、実際に「学び合う教室文化づくり」に取り組む教室で過ごした子どもたちが語っています。

4

4

- 自分から学ぼうという気持ちを持つことができるようになりました。今までとはまったくちがう新しい絵里香みたいな感じです。
- モチベが上がりました。仲間がいる、がんばってる、私もがんばろう！　というふうな気持ちをもてます。
- 授業のふん囲気が明るくなりました。授業中、どこからか「これはこうじゃない？」って話す声がよく聞えます。
- いろんな友だちと話すようになりました。1部の人だけでなく、みんなと授業とかで話してます。
- 男女関係なくなりました。今まで以上に男女で学んだりするようになり、グループ内でも明るい話し合いができます。
- 楽しいと思えるようになりました。授業めんどーってかんじではなく、たのしい！って思えます。

〔絵里香〕

- 協力することが多くなったと思います。グループのなかに言葉をつくれない人がいたら、他の3人で協力して言葉をつくってあげたからです。
- すごく支え合ったり高め合ったりしたと思います。「数学者の黒板」（実践3で紹介）で「これは」こうじゃなーい」「いや！　違うよ」などと言いながら高め合っていたと思います。
- 仲がよくなったと思います。グループを男女2人ずつにしたことで、男子と女子が分かれず、男女関係なく遊んだり協力していたと思います。
- けんかが5年生のころよりも少なくなったことです。5年生のころは男子と女子などでけんかや言い争いをしたけれど、6年生になってからはあまりそういうのを見かけません。
- 「わからない」をたくさん見つけたことです。5年生のころは

　「わからない」をそのままにしていたけれど、今はみんな「わからない」をたくさん見つけていると思います。

・笑顔が増えたことです。統合して友だちが増えて学校が楽しくなりました。統合する前は笑顔が80％ぐらいだったけれど、統合したら笑顔が100％になりました。

・私は「自分の考え」をつくることが早くできるようになりました。これは算数の難しい問題できたえられたと思います。国語や社会で自分の考えをたくさんつくることができるようになりました。

〔奈々〕

　「学び合う教室文化づくり」に取り組む教室で、子どもたちは「学ぶ」ことに前向きになります。子どもたちを「自分から学ぼう」「授業めんどーってかんじではなく、たのしい！」という気持ちにさせるのは、4人グループの「対話的な学び」です。男女関係なく、「支え合い・高め合う関係」で結ばれた仲間と学び合うことを楽しいと感じ、それが子どもたちを「学び」に向かわせるのです。

　「学び合う教室文化づくり」がもたらす子どもたちの仲のよさは、生活面だけでなく、授業にも大きく影響します。授業中、「バカにされないだろうか……」と恐れて「わかったふり」をする必要はなくなります。安心して「わからない、これ、どうやるの？」と仲間に助けを求めることができます。子どもたちは、相手の話に耳を傾け、困っている仲間がいれば寄り添い、誰も独りにせず、誰も「学び」を放棄することなく「学び」に向き合うのです。そういう子どもたちが「主体的・対話的で深い学び」が生まれる教室文化を創るのです。

　いじめや不登校をゼロにする方法は知りませんが、困っている仲間に寄り添うことや、相手の話をよく聴くことが教室の文化として育っていけば、深刻ないじめが生まれる可能性は限りなく小さくなり、仲間との関わり方や、学ぶことに意味を見出せないことに起因する不登校も少なくなるはずです。

2・「学び合う教室文化」とは

本書で紹介する12の実践がめざす「学び合う教室文化」とは何でしょう。

「学び合う教室文化」については、拙著『「学び合う教室文化」をすべての教室に——子どもたちと共に創る教室文化』（世織書房、2018年）のなかで紹介しました。

「学び合う教室文化」は、わたしが30年近く、教育学者の佐藤学先生の「学びの共同体」理論を学びながら、公立小学校・中学校で描いてきた教室文化のビジョンです。「こんな教室で子どもたちを育てたい」と考える教室の姿です。具体的に、以下の4つの教室の姿を描いています。

【「学び合う教室文化」のビジョン】
(1) 教室のすべての子どもたちが**夢中**になって**学ぶ教室**
(2) 教室のすべての子どもたちが**お互いに心を開き合って学ぶ教室**
(3) 教室のすべての子どもたちに**さまざまな「力」が育つ教室**
(4) 教室を訪れる**すべての保護者や市民・同僚に開かれた教室**

このような教室をめざし、わたしは2002（平成14）年度以来、3つの小学校の19の教室で、「学び合う教室文化づくり」の実践に取り組んできました。9人の教室もあれば36人の教室もありましたが、教室を訪れたたくさんの方々から、瞳を輝かせて夢中になって学ぶ子どもたちの姿や、互いに心を開き合って学ぶ子どもたちの姿に、たくさんのおほめの言葉をいただきました。

図は、「学び合う教室文化づくり」の実践の全容を示したものです。

本書では、第1章で「教室空間のデザイン」について、第2章で「『ひと』・関係づくり」、そして第3章で「授業づくり」について取り上げます。「学び合う教室文化づくり」は、この3つの領域に関わる教育実践です。

3つの領域のなかで、教師にとってもっともなじみのあるのが「授業づく

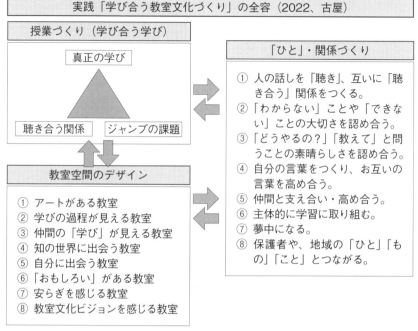

図 実践「学び合う教室文化づくり」の全容

り」でしょう。ここでは、教科書に書いてある事を説明するだけの授業ではなく、仲間と協同して「探究課題」に取り組み、「深い学び」に導く授業のつくり方を紹介します。

　「『ひと』・関係づくり」は、わたしがつくった言葉です。これまで「生徒指導」や「特別活動」「学級づくり」などの領域で扱われてきた内容に多く重なります。「ひと」とひらがな表記をしているのは、統計上の「人数」に代表される「人」（たとえば、教室の児童数）ではなく、それぞれが名前を持ち、それぞれの性格も生育史も社会的背景も伴った1人ひとりという意味を込めているからです。教師が子どもたちの前に立った時、その目に映る子どもたち1人ひとりが「ひと」です。そんなすべての「ひと」を「聴き合う関係」「支え合い・高め合う関係」で結び、保護者や地域とつなげながら、教室の主人公として育てていく実践について紹介します。

　「教室空間のデザイン」は、「教室環境づくり」という言葉で語られてきた領域の内容と重なります。「掲示物がはがれたままになっていたり、放課後に机と椅子が乱雑になっているような教室は荒れる（崩壊する）」と、しばしば先輩教師から聞かされました。教室環境が子どもたちに大きな影響を与えることを表す言葉です。

　「教室空間のデザイン」にかんしては、世界から遅れること30年、日本の学校でも、子どもたちの机が全部前を向いた「19世紀型の教室」から、授業の最初から最後まで男女混合4人グループの机の配置にした「21世紀型の教室」へと変わりつつあります。そういう新しい教室を「主体的・対話的で深い学び」が生まれる空間にするための方法を紹介します。

3・「学び合う教室文化づくり」で育つ力

　「学び合う教室文化づくり」に取り組む教室では、子どもたちに次の3つの「力」が育ちます。この「力」は、何かで数値化できるものではありません。30年近く実践に取り組むなかで手応えとして感じているものです。

　　【「学び合う教室文化づくり」で子どもたちに育つ3つの「力」】
　　(1) 課題を追究していく力
　　(2) 仲間と共に生きていく力
　　(3) 自分の世界をつくっていく力

　以下、それぞれの「力」が子どもたちのどのような姿となって現れるか、具体的にあげてみましょう。

　(1) 課題を追究していく力
　①「えっ！」「あっ！」と、敏感に反応する。
　②「何だろう」と興味を持つ。

③「おもしろそうだなあ……」と考える。

④「わからない」ことを表現する。

⑤「わからない」時に、教科書やノートに戻って考える。

⑥「これ、どうやるの?」と仲間に助けを求める。

⑦ 簡単に「わかったつもり」にならない。

⑧ 困難な問題に積極的に立ち向かおうとする。

⑨ すぐにあきらめない。

⑩「わからないこと」「まちがえること」をプラスに考える。

⑪ 自分の学びの足跡をたどる。

⑫ 仲間と一緒に考えることを楽しむ。

(2) 仲間と共に生きていく力

⑬ 仲間の考えをわかろうと一生懸命に話を聴く。

⑭ 仲間の考えをわかろうと相手に問う。

⑮ 仲間の考えを聴いて、自分の考えをつなげる。

⑯ 言葉を探している仲間をあたたかい気持ちで待つ。

⑰ 言葉を探している仲間と一緒に言葉をさがす。

⑱ 自分の言葉が相手に届いているか相手を観察する。

⑲ 自分の言葉が相手に届いているか確かめながら話す。

⑳ 仲間と一緒に考えることを楽しいと感じる。

㉑ 仲間の考えをできるだけいいものにしようとする。

㉒ 仲間の考えを取り入れて自分の考えを磨く。

㉓ 相手の立場になって考える。

(3) 自分の世界をつくっていく力

㉔ 仲間の考えと自分の考えをつなげて考える

㉕ 自分の考えを言葉にし、磨きをかける

㉖ 自分の考えをさらにいいものにしようとする

㉗ 自分の「学び」をふり返る

㉘ 考えたことや学んだことを文章で表現する

㉙ 仲間の考えを自分の考えに生かす

㉚ 自分の強みを意識し伸ばそうとする

㉛ 自分の弱点を意識し改善しようとする

㉜ 学びの足跡をたどり、自分の成長を確かめる。

　もちろん、教室のすべての子どもたちが、①から㉜までのすべての姿を同じように見せるわけではありません。同じ教室で育っても、みんなが同じように学び育つわけではありません。そもそも教育に完全な結果や同じ結果を求めることはできません。

　繰り返しますが、ここにあげた3つの「力」が本当に育っているのかどうか、根拠を数値化して示すことはできません。何らかの方法で数値化できるとしても、それが子どもたちのためになるとも思えませんし、教育現場の役に立つとも思えません。

　教育現場では「根拠」や「エビデンス」という言葉を耳にするようになりました。「エビデンス」という言葉を使うことが好きな教師もいます。しかし、わたしたち教育現場に生きる教師には、子どもたちに向き合う時間を割いて、根拠づくりをしている時間はありません。教育現場で生きる教師に求められるのは、根拠らしきものを並べて論文らしきものを作成することではなく、教室のすべての子どもたちの学びを保障することであり、居場所をつくることです。

　「学び合う教室文化づくり」の12の実践によって育つ「力」の根拠を示すことはできませんが、実践に取り組むことで、子どもたちの姿からここにあげた3つの「力」が育つことが実感できるのではないかと思っています。

4・「学び合う教室文化づくり」の12の実践

本書は、「学び合う教室文化づくり」の実践のなかから以下の12の実践を選んで紹介します。

① 教室美術館　　　　　② 学びのWALL

③ 数学者の黒板　　　　④「学び」が生まれる小さな工夫

⑤ アクティブな聴き方・聴き方の達人

⑥ わからないの達人　　⑦「自主学習」の取り組み

⑧ 保護者の学習参加　　⑨ 対話的学び

⑩ 深い学び　　　　　　⑪ 教科書の読み方

⑫ 教科日記

どの実践も、2002（平成14）年度以来、3つの小学校の19の教室で、わたし自身が実践し「手応え」を感じているものです。必ず「教室づくり」や「授業づくり」に役立つと思っています。教室に笑顔が増え、子どもたちの「学び」や学校生活へのモチベーションを上げることになります。

実践に取り組むにあたっては、以下の3つのことを意識しておくといいでしょう。

（1）3つの領域のつながりを意識する

「学び合う教室文化づくり」の実践が対象とする「授業づくり」、「『ひと』・関係づくり」、「教室空間のデザイン」の3つの領域は、互いに影響し合います。3つの領域が影響し合いながら「学び合う教室文化」がつくられ、その教室文化が、今度は3つの領域の質をさらに高めていくのです。そのため、実践にあたっては、この3つの領域のつながりを意識しながら、3つの領域の実践を並行して進めることが大切になります。1つめの領域を極めたうえで2つめの領域に取り組むという実践ではありません。

　時々、「人間関係を育ててから授業づくりに取り組んでみたい」とか、「まだ子どもたちの人間関係ができていないので、授業づくりに取り組めない」という言葉を耳にしますが、「学び合う教室文化づくり」の実践では、そうは考えません。人間関係を育てる場が授業であり、そこで育った人間関係が授業をさらにいいものにし、日常的な子どもたちの関係をいいものにしていくと考えるのです。

（2）教職の経験年数に関係なく実践できる

　すでに「学び合う教室文化づくり」の実践に取り組んでいる方々がいます。そのなかには、20代、30代の若い方もいます。「アクティブな聴き方」（第2章実践5）、「教科日記」（第3章実践12）、「教室美術館」（第1章実践1）などに取り組んだ方々は、誰もがその手応えを楽しそうに話してくれます。

　「学び合う教室文化づくり」は、経験を何年も積んだ教師はもちろん、大学を卒業したばかりの教師でも取り組むことができ、その手応えを感じることができます。教職の経験年数に関係なく、誰でも実践できるのが「学び合う教室文化づくり」です。

　残念なことですが、経験年数を積んだ教師のなかには、言葉や態度で若い教師たちの実践意欲を挫く方がいます。教師の話と一問一答式のやりとりが中心の「一斉（講義型）授業」を続けてきて「うまくやってきた」と思い込んでいる教師にその傾向があります。そういう教師は、若い教師が4人グループの「対話的な学び」中心の授業を試みようとすると、

　「グループ学習では力はつかない」

　「グループ学習は、この学校のスタイルではないから、勝手なことをしない方がいい」

　「〇〇先生の真似するのはまだ早い。基礎をちゃんと身に着けてからやったほうがいい」

　「主体的・対話的で深い学びなんて一時の流行だから、がんばる必要はない」

などと言って、若い教師たちに「よけいなことをするな」と言わんばかりの圧力をかけます。

　今日でも、子どもたちの机を正面を向けたまま、グループ学習に取り組ませることもなく、「一斉（講義型）授業」を続けている教師は存在します。そしてそういう教師が校長よりも強い影響力を持っている学校では、若い教師たちは息が詰まる思いで毎日を過ごし、教師という仕事の魅力を感じられなくなっていきます。

　それとは反対に、若い教師たちが生き生きとしている学校には、若い教師たちの挑戦を「おもしろそうだ」と受け止める先輩教師や管理職がいます。若い教師たちと一緒になって実践から学ぼうとし、時には、長年の経験で蓄えてきた知見を惜しみなく提供し、若い教師たちの挑戦をサポートする教師たちです。そういう教師たちがいる学校には、「学びの専門家としての共同体」ができています。「学び合う教室文化づくり」に共感する教師が多いのはそういう学校です。教職のキャリアに関係なく、お互いが教育の専門家として学び合うことができる学校です。

（3）いつでもどこからでも実践できる

　「学び合う教室文化づくり」の実践は、いつからでもスタートできます。年度初めの4月からスタートするのが理想ですが、2学期や3学期の初めでもかまいません。GW開けや、運動会終了後、来週から、来月から……、何かの節目に「始めたい」と思った時からスタートすればいいのです。

　本書で紹介する12の実践のどれからでも始めることができます。自分の興味のあるところから取り組むといいでしょう。大切なのは、「授業づくり」、「『ひと』・関係づくり」、「教室空間デザイン」の3つの領域の実践を並行して進めることです。「授業づくり」が達成できたら次の「『ひと』・関係づくり」へ……と、階段を登るように実践するのではなく、常に3つの領域の実践に取り組みながら「学び合う教室文化」の質を高めていくのです。

5・「学び合う教室文化づくり」に挑戦する

教師のみなさんへ

　12の実践のどれから取り組んでもいいのですが、もし、担任する教室に問題を感じているのなら、それに関連する実践から取り組むといいでしょう。「話を聴く態度に問題がある」と感じていたら、ぜひ、実践5「アクティブな聴き方」から取り組んでみてください。授業中の子どもたちの「虚ろな瞳」が気になるのでしたら、実践9　「対話的な学び」を育てる、実践10「深い学び」を実現する、から取り組んでみましょう。「輝く瞳」で話に耳を傾け、仲間と共に「学ぶ」ことを楽しいと感じる子どもたちの姿に出会うことができます。「学ぶことを放棄」したり「学びの偽装」（学ぶふり）をしたりする子どもたちが意欲的に学び、学びに夢中になる子どもたちに変わっていきます。「支え合い・高め合う」ことが教室のあたりまえになり、さらに、自分たちの教室を自分たちの手で居心地のよい空間にしようとする雰囲気が生まれます。

　本書で紹介した12の実践を、そのまま自分の教室で実践していただいてもいいのですが、まったく同じにする必要はありません。教育実践は操作マニュアルではありません。そこに自分の教室の実態に応じた工夫や自分なりのアイデアを加えたり、必要ないと思ったところを削ったりしながら、自分の実践にしてください。わたしの考えた12の実践を、子どもたちにとってさらにいいものにしていくという気持ちで実践に取り組んでほしいと思います。

　本書で紹介する「学び合う教室文化づくり」の実践が、日本の教師はもちろん、世界の教師たちによってアップグレード（upgrade）され、オリジナルの「学び合う教室文化づくり」が生まれていくことを想像するとわくわくしてきます。そして、そんなわくわくする気持ちを共有する仲間と出会うことも楽しみにしています。

これから教師をめざすみなさんへ

　これから教師になろうと考えるみなさんにも、ぜひ本書を読んでいただきたいと思います。現在、教育現場は、明治以来の「19世紀型の授業と学び」から「21世紀型の授業と学び」へと急速に変化しています。現代の教師に求められるのは、学びの課題をデザインすること、探究と協同の学びをコーディネートすること、学びをリフレクションすることなど、「学びの専門家」としての役割です。授業も、教師中心の「一斉（講義型）授業から、4人グループによる「対話的な学び」で「深い学び」「真正の学び」（authentic learning）を実現する授業に変わりつつあります。

　このような教育の大きな変革期において、黒板に向かって子どもたちの机が前向きに並べられた教室のイメージしか描けないようでは困ります。また、教材研究をして指導案を書き、発問計画と板書計画をたて、説明と一問一答式の授業をし、板書をノートに写させるという授業のイメージしか描けないようでも困ります。本書は、そういう「19世紀型の授業と学び」のイメージをこれからの時代に求められる「21世紀型の授業と学び」のイメージへと変えていくことに役立つことでしょう。

　わたしは現在、教員養成に力を入れる大学で、教育方法の授業を担当しているのですが、学生たちと接していて気になることが2つあります。1つは、これまで自分が受けてきた授業・教育にマイナスの印象を持っている方々が多いということです。教師が一方的に話すだけの退屈な授業、板書をひたすらノートに写すだけの授業、「わからない」ことが人に知られないように「わかったふり」をしていた自分……、さまざまな経験を語ってくれます。学校で、学ぶ楽しさや、学ぶことの意味と出会うことなく学校生活を送ってきた方々には、学ぶ楽しさや学ぶ意味に出会わせる必要があると考えます。

　もう1つ気になるのは、学校現場や教職に対して、多くの学生が「ブラック」だと感じ、自分がそこで教師として生きていくことに不安を抱いていることです。いじめや不登校児童への対応、理不尽な要求を突きつけてくる保護者への対応、のぞまない部活動指導、さまざまな社会的背景を持った子ど

16

もたちへの対応、「前例主義」「ことなかれ主義」「同調主義」の三重の鎧を身に着けた管理職が生みだす学校の閉塞感……、教育現場や教職の「ブラック」な部分はさまざまに語られます。

　たしかに「働き方改革」は必要です。しかし、その改革が教職の魅力をカットするものであってはなりません。「学び合う教室文化づくり」が対象とする3つの領域（授業づくり、「ひと」・関係づくり、教室空間のデザイン）の実践には、どれも教職の魅力があり「おもしろさ」があると思っています。その点で本書は、「21世紀型の授業と学び」のつくり方を示すだけでなく、教職の魅力、「教師という仕事はおもしろい」ということも感じていただけると思っています。

　これから教師をめざすみなさんには、本書を読み、自分がやりたい授業やつくりたい教室のビジョンを描き、仲間とこれからの教育について語り合ってほしいと思います。そして、教師になったら、自分の教室で12の実践に取り組み、それぞれの実践をさらにアップグレードしたり、オリジナルの実践をつくっていったりしてほしいと思っています。みなさんと「教室の未来」を創る教育実践研究をご一緒することを楽しみにしています。

1_章 教室空間のデザイン：「学び」が生まれ育つ教室空間をつくる

教室空間デザイナーになったつもりで教室を眺める。

1・教師志望の大学生たちに人気⁉　「教室空間のデザイン」

「学び合う教室文化づくり」の実践を、「教室空間のデザイン」から紹介することにしました。本書は、第1章で「教室空間のデザイン」について、第2章で「『ひと』・関係づくり」について紹介し、「授業づくり」は第3章で紹介します。「授業づくり」こそが教育実践研究の中心と考えている方は、この構成を意外に思うかもしれません。

もちろん、取り上げる順番が1番めであっても3番めであっても、重要さに順位があるわけではありません。「学び合う教室文化づくり」においては、3つの領域のどれも重要です。

「教室空間のデザイン」を1番初めに取り上げたのには2つの理由があります。

1つは、「教室空間のデザイン」が、これまで教育実践研究の中心になっ

18

ていなかったからです。教育実践研究の中心は今も昔も「授業づくり」です。書店の教育書のコーナーを眺めれば、「授業」（教科）にかんする書籍に比べて、教室環境づくりにかんする書籍が少ないことからもわかります。また、教師を対象にした研修会で取り上げられる内容も、授業にかんするものか生徒指導にかんするものがほとんどです。

　これまで教育実践研究で周辺部に置かれてきた「教室環境づくり」が、教師の仕事の1つであり、「授業づくり」や生徒指導と同じくらい重要だということを、より多くの人たちと共有したいと考え、あえて1番初めに取り上げることにしたのです。

　「教室空間のデザイン」を1番初めに取り上げた2つめの理由は、教師を志す学生たちが高い関心を示すからです。

　わたしが大学で担当する「教育方法論」は、1年で400人近い学生たちが受講します。その学生たちの多くが、「教室空間のデザイン」に高い関心を示し、「教師になったらやってみたい」という感想を持ちます。ある学生は、先生が参観日や研究授業前によく掲示を作っていたのを見て、教室内外の掲示物は、保護者や上司に頑張っていることをアピールするために行っていると思っていたそうです。そのため、やや消極的（ネガティブ）なイメージが掲示物づくり（教室づくり）にはあったと言います。

　しかし、講義を受けるなかで、教室空間デザインのおもしろさに出会い、学びの過程が見える教室や、今扱っている教材についての書籍や図鑑などを置いたり、絵やポスターを掲示したりして、「主体的・対話的で深い学び」を促すことができる教室空間をつくりたいと思うようになったと言います。

　同じような「おもしろい」「わたしもやってみたい」という多くの声を聞きました。学生たちは「教室空間のデザイン」という教育実践を「おもしろそうだ」と感じ、そういう実践ができる教師という仕事も「おもしろそうだ」と感じています。その「おもしろそうだ」という感覚を、現職の教師たちとも共有したいと考え、本書の1番初めにもってきたのです。

　紹介するのは以下の4つの実践です。

実践1・教室美術館
実践2・学びのWALL
実践3・数学者の黒板
実践4・「学び」が生まれる小さな工夫

2・何もない教室から「学び合う教室文化」を育む教室へ

　4月の第1週め、子どもたちは春休み中ですが、わたしたち教師は出勤し、3日ほどかけて職員会議を行います。学年担任や校務分掌（校内での役割）が決まり、新年度の態勢づくりが進められます。全校行事に関わる準備の他に、授業で使う副教材の注文をしたり、机や椅子、ロッカーなどに名前シールを貼ったりするなど、学年やクラスに関係する仕事に追われる時期です。
　春休み中の教室には何もありません。前年度末に運び込まれた人数分の机と椅子が置かれているだけです。そのガランとした空間のなかで、数日後に教室にやってくる子どもたちのことを想像しながら、掃除をしたり、机の配置を考えたり、教室のどこにどんな掲示をするのか考えたりするのは毎年のことながら楽しい時間です。何もない教室を、「学び合う教室文化」を育む教室に変えるのが「教室空間のデザイン」の実践なのです。

3・「教室空間のデザイン」がめざすのは「第2の家」

　「学び合う教室文化」を育む教室は、子どもたちにとってどのような教室なのでしょうか。2020年度の6年生の愛美が、1年間過ごした6年生教室について、次のように書いています。

　　私は昔から教室がとても好きで、教室は「第2の家」みたいな感じがしていました。そして、この6年教室は、みんなの作品があっ

20

> たり、みんなの写真がかざってあったり、本がたくさんあったりと、自由な感じがとてもしました。また、自由に絵が描けるような紙があったり工作のものがあったりして、とても楽しい教室でした。6年生だと、なかなか休み時間などに外に遊びに行くことができないけど、少し休みができた時に楽しめるようなことがたくさんあって良かったと思います。あと、後ろの黒板には算数問題や日本地図・世界地図とかがあって、休み時間などに自然と友達と勉強ができる環境があってとても良かったです。とてもいごこちのよい教室だったからとても良かったです。　　　　　　　　　　〔愛美〕

　愛美にとっての教室は「第2の家」といえる場所です。その愛美が、1年間を過ごした6年教室のことを、自由な感じがして、楽しくて、居心地のよい教室だとふり返っています。この言葉のなかに、「学び合う教室文化づくり」がめざす「教室空間のデザイン」のヒントがあります。

　みんなの作品や写真が飾ってあったり、読書ができたり、絵が描けたり工作ができたりすること、算数問題や日本地図・世界地図などがあって自然と友達と勉強ができることなどが、楽しくて居心地のよい教室だと感じさせていたのです。

　「教室空間のデザイン」がめざす教室の姿を言葉にしてみると、以下の8つになります。

【「教室空間のデザイン」がめざす教室】

① アートがある教室　　　　② 学びの過程が見える教室
③ 仲間の「学び」が見える教室　④ 知の世界に出会う教室
⑤ 自分に出会う教室　　　　⑥ 「おもしろい」がある教室
⑦ 安らぎを感じる教室　　　⑧ 教室文化ビジョンを感じる教室

　8つの言葉で表現した教室づくりは、「授業づくり」や「『ひと』・関係づ

くり」と、直接的・間接的に影響し合います。「はじめに」でふれましたが、わたしが20代の教師のころ、先輩教師が口にしていた「落とし物が多い教室や、掲示物がはがれているままの教室、放課後の机や椅子が乱れているような教室は荒れる（崩壊する）」という言葉は、それを物語ります。そしてその言葉は今日でも通用すると思います。

　小中学校では、子どもたちが1日のほとんどを教室で過ごします。美しく整頓された教室で1日を過ごすのか、それとも机と椅子が乱雑な教室で過ごすのか、200日間も過ごす教室環境が子どもたちに影響を与えないわけがありません。

　「学び合う教室文化づくり」に取り組むかどうかに関係なく、教室を美しくしておくのは「教師のあたりまえ」の1つでしょう。わたしは、新採用の時から退職の日まで毎日、出張先から直接帰宅するなど特別なことが無い限り、子どもたちが帰宅した教室で、掃き掃除をし、机と椅子を美しく整頓することを日課としてきました。画鋲で止めていない掲示物を見かけたら、教室に限らず校内どこでも画鋲でとめました。

　本章で紹介する「教室空間のデザイン」の4つの実践は、そういう「教師のあたりまえ」の仕事の上に取り組むものです。

　最近、教室正面の壁に掲示物がないすっきりした教室が多くなったように思います。掲示物があると気が散って集中できない子どもたちのことを配慮してそうしているのでしょう。

　「学び合う教室文化づくり」では、スタートからそういうすっきりした教室空間をデザインしません。教室中に、おもしろそうなもの・美しいもの・考えてしまうもの・教室での活動を思い出すもの・友だちのことが頭にうかぶものなどがあふれています。

　そういう教室ですから、授業中に掲示してある友だちの顔写真を見て友だちのことを思いうかべる子どもがいるかもしれません。算数の授業中に、一輪挿しのドクダミの花を見て「美しい」と感じるかもしれません。国語の授業中に、カレンダーの棟方志功の版画を「いいなー」と思っているかもしれ

ません。わたしは、それらを「集中していない」とマイナスに考えることは
しません。45分の時間のなかに、そんな時間があるのもいいと考えます。

　また、常に4人グループの机の配置をしている教室では、これまで教室正
面とされてきた場所も、正面としての意味を持っていません。窓の外に見え
る景色を含め、子どもたちはさまざまな情報（おもしろいもの）やアート
（美しいもの）に囲まれているのです。

　仮にそういう教室で、子どもたちにマイナスになる問題が出てきたら、子
どもたちと教師や関係者で話し合い、協同して教室空間をデザインすればい
いのです。

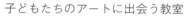

実践・1

教室美術館

● アートがある教室＝みんなで楽しむ美術館ごっこ

教室美術館とは

　「教室美術館」とは、教室後方の壁や、その前に設けた子どもたちの作品掲示コーナーのことです。子どもたちが図工の時間に描いた絵画作品などを掲示する他、立体作品をテーブルの上に展示し、教室の子どもたちだけでなく、保護者や全校児童が自由に鑑賞できるようにしました。

　子どもたちの絵や習字作品を教室や廊下に展示することは珍しいことではありません。日本中の教室で普通に見られる光景だと思います。そういった作品掲示と「教室美術館」との違いは、「教室美術館」の実践には、「美術館ごっこ」という遊び心があることです。教師と子どもたち、そして保護者たちも巻き込んで楽しむ「美術館ごっこ」が「教室美術館」の実践なのです。

「作品展示コーナー」を「美術館」に

　作品の掲示コーナーに名前をつけることから「美術館ごっこ」は始まります。「図工作品掲示コーナー」ではおもしろくありません。そうかといってそんなに凝った名前をつける必要もありません。むしろ「山梨県立美術館」「国立西洋美術館」のような「○○美術館」という名前の方がホンモノらし

く聞えます。そこで、「6年生教室美術館」とか「Class Room Art Museum」などと名前をつけ、作品の掲示場所に掲げます。

「教室美術館」のスペースは教室後方の壁をあてますが、子どもたちが日常的に目にふれやすいところであればどこでもいいでしょう。学年が複数クラスであるならば、廊下の壁に共有スペースを設け、「学年美術館」としてもいいでしょう。

作品の展示

　子どもたちの絵画作品を展示する時、掲示専用フォルダが使われることがあります。専用フォルダを壁に貼り、透明のポケット部分に作品を差し込むだけで掲示ができるので、作品を入れ替えるたびに画鋲やピンで1枚1枚作品をとめたり外したりする手間が省略できます。学期末にはフォルダに入っている作品をそのまま取り出して返却することができます。

　たしかに掲示専用フォルダは便利なのですが、わたしは使いません。一度だけ使ってみたのですがすぐにやめました。その理由は、当時のフォルダでは、画鋲で貼るのに比べて作品をしっかり掲示できなかったからです。36人の作品をすべてを画鋲で掲示するのは時間がかかります。作品の四隅に画鋲穴が残るというデメリットがあります。しかし、「教室美術館」の実践では、掲示専用フォルダを使わずに、作品を1枚1枚ピンで掲示することにしました。「美術館ごっこ」という遊びだからこそ、便利さよりも、美術館のように作品をしっかり見せることにこだわりたかったのです。

　もちろん、「こだわり」ばかりを追求することはできません。たとえば、子どもたちが10人程度の時には、作品をより美しく見せるために、作品を台紙に貼ったうえで掲示していました。しかし、36人の教室でそれをしようとすると無理が出てきます。どこまで「こだわり」どこで「妥協する」かは、状況を考えて判断します。

企画展にする

作品を掲示したら「○○展」という名前をつけます。子どもたちの作品を掲示するたびに「○○展」という名前をつけるのです。多くの教師たちも、子どもたちの作品を掲示するときには、たとえば「夏休みの思い出」というようなタイトルを掲示するでしょう。しかしそれでは美術館らしくありません。そこで、たとえば、

「第6回企画展　夏の思い出展　2021年夏、そこにわたしはいました」

というぐあいに、それらしい名前をつけるのです。それらしい名前をつけるだけで、美術館らしくなります。

2021年度の身延小学校6年生の「教室美術館」では、以下の9回の企画展を行いました。

【2021年度身延小6年生「教室美術館」企画展】

第1回　春の色は……カタチなんて気にしない　目に入った春の色を表現しよう

第2回　あいさつポスターコンクール展

第3回　折り紙と紙工作の世界へようこそ　島本浩二ペーパークラフト展

第4回　イラスト大好き5人展

第5回　これがわたしのOSHI! ポスター展

第6回　夏の思い出展　2021年夏、そこにわたしはいました

第7回　修学旅行記展

第8回　12年後のわたし展　12年後のわたしがここにいる

第9回　6年生思い出写真展　ありがとうそしてさようなら

企画展のポスターを作成する

ホンモノの美術館では、企画展のたびにポスターが作られます。そこでホンモノの美術館のように「教室美術館」でも企画展ごとにポスターを制作す

身延小学校6年生　教室美術館

特別展

やまなしの心象風景

2018年11月22日～2019年2月1日

2018年度の企画展ポスター

ることにします。ポスター制作は「美術館ごっこ」の大きな楽しみです。

　もちろん、ポスターは職員室で制作する手作りポスターです。ワープロソフトのポスター印刷機能を使って、B4サイズ4枚に分割カラー印刷したものを貼り合わせて1枚のポスターにします。ポスターは3枚作り、1枚は「教室美術館」に掲示し、残り2枚は校内の他の子どもたちの目に入りやすい場所に掲示します。

　企画展のポスターは、必ずしも「作らなければならない」ものではありません。「～ねばならない」と考えてしまうと「遊び」でなくなります。

　「美術館ごっこ」という遊びなので、夜遅くまでポスターづくりをしていても「楽しい」と感じます。もしそれが「～ねばならない」仕事になってしまうと、負担や苦痛を感じるのかもしれません。そんな思いまでしてやることではありません。楽しいからやるのです。

　「教室美術館」が「美術館ごっこ」であるかぎり、負担や苦痛に感じることはありません。むしろ、制作中のポスターをのぞき込んだ隣の席の若い先生に、「いいですね！」などとほめてもらうと嬉しくなってしまいます。

　「教室美術館」の名前が掲げられ、そこに企画展のポスターを掲示することで、教師だけでなく子どもたちの美術館気分も高まってきます。

個人展・グループ展も行う

　通常の教室で行われている作品掲示では、全員の作品を掲示するのが普通です。絵画にしても習字にしても、優れた作品のみを掲示することはありません。しかし、「教室美術館」は違います。ホンモノの美術館で個人展やグループ展を行うように、「教室美術館」でも行います。

　具体例として、「第3回企画展　折り紙と紙工作の世界へようこそ　島本

浩二ペーパークラフト展」と、「第4回企画展　イラスト大好き5人展」について紹介しましょう。

　教室には特別な才能や技術を持つ子どもたちがいます。島本浩二は、折り紙や紙工作に高い技術を持っていました。折り紙の技術は小学生のレベルではありません。「鶴を折った」と言って見せてくれたのは、千羽鶴の鶴ではなく、2羽の鶴が向かい合って翼を拡げている作品でした。折り紙の他にも、彼が紙だけでつくるさ

企画・作品募集ポスター

まざまな「武器」も非常にレベルの高いものでした。たとえば刀は刀身が鞘にきれいに収まります。腕にはめる熊手状の武器は、熊手部分が伸びたり縮んだりします。どれも、わたしなどが足下にも及ばないほど高いレベルの作品でした。そうした彼の作品を多くの人たちに観てもらいたいと企画したのが「第3回企画展　折り紙と紙工作の世界へようこそ　島本浩二ペーパークラフト展」です。

　企画展のポスターには島本の言葉を掲載しました。

　作品展をご覧くださりありがとうございます。ぼくは、祖母や母から「折り紙」を教えてもらったことをきっかけに、「折り紙」に興味を持ちました。紙工作は、動画を観て「ぼくも作ってみたい」という気持ちになり、作り始めました。
　「折り紙」で観てもらいたいところは、ほとんどの作品が、たった1枚の紙を折ってできているところです。紙工作は、抜いたり動かしたりできるところも、ぜひご覧ください。
　　　　　　　　　　　　　　2021年5月21日　島本浩二

それまで、島本の作品を時々目にしていた同じクラスの子どもたちも、一

作品掲示をする子どもたち

度に数十点の作品を目の当たりにしたことで、改めて島本の才能を確認することになりました。また、作品展を見に来た他学年の子どもたちや保護者たちも驚かせました。企画展がきっかけで、教室で島本から折り紙を教えてもらう子どもたちを目にするようになりました。

「第4回企画展　イラスト大好き5人展」はグループ展です。「教室美術館」で子どもたちから企画を募集をしようと考えていた5月の終わり頃、吉田千尋から、

「先生、描いたイラストを貼っていいですか？」

と声をかけられました。わたしは、

「いいねえ。1人の作品を貼ってもいいし、他にイラストを描いている人たちがいたら、一緒に作品を貼ってもいいよ。第4回企画展はイラスト展にしよう」

と答えました。千尋にイラスト展を企画してもらい、第4回企画展「イラスト大好き5人展」が実現しました。

子どもたちと楽しむ「美術館ごっこ」

「教室美術館」は、もともと教師であるわたしが1人で始めた「美術館ごっこ」です。しかし、第2回企画展から子どもたちが「教室美術館」の取り組みに参加するようになりました。「美術館ごっこ」に、子どもたちが興味を持ち始めたのです。「第2回企画展　あいさつポスターコンクール展」は、学級役員の子どもたちが主催者として参加し、コンクールの審査を行い、作品の掲示を行いました。企画展のポスターには、次のような主催者である学級委員の言葉を掲載しました。

> ごあいさつ
>
> 　わたしたちは、4・5月のめあてに決まった「気持ちのいいあい
> さつをしよう」を守る意識を高めるために、「あいさつポスターコ
> ンクール」を計画しました。クラス半分の人がコンクールに参加し
> てくれました。一つひとつの作品には、あいさつに関する大切なこ
> とがたくさん表現されています。ポスターを見て、気持ちのよいあ
> いさつをしましょう。
> 　　　　　6年学級委員長　森田 有子
> 　　　　　　　　副委員長　須田 広美

　「第3回企画展　折り紙と紙工作の世界へようこそ　島本浩二ペーパーク
ラフト展」では、さらに多くの子どもたちが「美術館ごっこ」に参加してく
れました。子どもたちは、島本の折り紙作品の見栄えがよくなるようにと、
段ボールに黒色画用紙を貼った展示台を作り、その上に作品を並べました。

　さらに、企画展のポスターを見た他学年の子どもたちが教室にやってきた
時、教室にいた6年生が、作品について説明（ギャラリートーク）をしまし
た。

　このように、6年生の子どもたちは、「教室美術館」に作品を出品するア
ーティストとしての役割だけでなく、作品を楽しむと観客としての役割、そ
して「教室美術館」をわたしと共に企画運営するスタッフとしての役割の、
3つの役割で「美術館ごっこ」を楽しむことになったのです。

保護者も巻き込んだ「美術館ごっこ」へ

　子どもたちと楽しむ「美術館ごっこ」は、保護者も巻き込んで、みんなで
楽しむ「美術館ごっこ」に発展していきました。

　子どもたちの保護者は、まず観客として「美術館ごっこ」に参加してくれ
ました。企画展のたびに、ポスターをA4サイズに縮小したものを子どもた

30

教室美術館で子どもたちのアートに出会う

ちに持ち帰らせ、学級通信で企画展の案内をしていたため、保護者のなかには、わざわざ仕事帰りに学校に立ち寄り、「教室美術館」を見学してくれる方もいました。

保護者が仕事帰りに学校に立ち寄る時刻は、学校の勤務終了時刻を過ぎています。夕方の退勤時刻が迫る時間帯に、保護者から、

「仕事の帰りに見学させてもらっていいですか？」

と連絡があった時、最近の働き方改革の流れに逆行するとは思いつつも、受け入れていました。仕事帰りにわざわざ学校に寄って「教室美術館」を見学してくださるのです。とてもありがたいことだと思いました。

保護者が「教室美術館」に来る時は、教室まで案内して企画展について話し、一緒に鑑賞しました。どの保護者も、勤務時間を過ぎて教室訪問していることに申し訳ないという言葉を口にしました。しかし、保護者と一緒に、子どもたちの作品を通して、作品の世界や子どもたちのことについて語り合う時間は、わたしにとってはとても大切な時間でした。おそらく、保護者にとっても「いい時間」であったことは、作品を楽しむ保護者の表情や言葉が物語っていました。

保護者は、子どもたちの作品を楽しんでいただけではありません。「○○ちゃんらしい……」「○○ちゃんにはこんなところがあったんだ」と、作品を通して、子どもたちその「ひと」に出会っていました。

「教室美術館」の見学者のためのメッセージカード「未来のアーティストたちにメッセージを」を置いておいたら、6年生の子どもたちや保護者たち、他学年の子どもたちや教師たちがメッセージを書いてくれました。メッセージカードの内容は、朝の会や帰りの会で紹介しましたが、みんなに寄せられ

たメッセージはもちろん、個人に寄せられたメッセージであっても、子ども
たちは嬉しそうに耳を傾けていました。

　保護者が書いてくれたメッセージをいくつか紹介しましょう。

　　6年生の教室が、みんなの素晴らしい展示物で華やかになってい
ました‼　1人1人の想像力、企画力、本当に素晴らしいですね。も
っともっとみなさんのなかの発想力を爆発させて、6年生の教室を
彩り豊かなものにしてください。また見に来れるのを楽しみにして
います。ありがとうございました。　　　　　　　　　　　　森川

　　驚きました！　話には聞いていましたが、実際に目にしてみると
皆の興味・探究心がすごくて、キラキラの目が思い浮かびました。
見ていて楽しくなる展示でした。また次回も見に来たいので楽しみ
にしています！　　　　　　　　　　　　　　　　　　　　　沼田

　　島本君の作品、とてもたくさん作っていますね。どれもアイデア
も良く完成度が高いですね‼　1枚で作っているのにもびっくりし
ました。今後も色々な作品に挑戦して欲しいです。イラスト展、み
んな工夫してとても上手ですね。絵が好きなのが伝わってきます。
その他にも教室の至る所に面白い学び・遊び場所があり楽しいです
ね。今日はありがとうございました。またこれからも楽しみにして
います。　　　　　　　　　　　　　　　　　　　　　　　　山田

　　「OSHI展」、とても楽しく見させていただきました。1枚の紙に
みなさんの「好き」が詰まっていて、気持ちが伝わってきました。
とても面白かったです。　　　　　　　　　　　　　　　　　池上

子どもたちと教師とで企画・運営している「教室美術館」には、保護者だ

けでなく、他学年の子どもたちも来てくれました。「お店屋さんごっこ」が「店の人」と「お客さん」で成立するように、「教室美術館」の取り組みは、保護者や他学年の子どもたちも巻き込んだ、みんなの「美術館ごっこ」になっていたと言えます。

保護者のアイデアの「これがわたしのOSHI! ポスター展」

「第5回企画展　これがわたしのOSHI! ポスター展」は、保護者のアイデアから生まれた企画展です。

当時、6年生の子どもたちは「自主学2」という家庭学習（第2章実践7）に取り組んでいました。「自主学2」とは、教科に直接関係する予習や復習といった家庭学習の「自主学1」に対して、自分が夢中になれることなら何をやってもいいという家庭学習です。たとえば映画を観るのもいいし、マンガを読んだり描いたりするのもいい。料理をしたり写真を撮ったり、自転車の技を磨いたり……というように、自分が夢中になれることなら何でもありの家庭学習です。

6年生が「自主学2」に取り組んでいることを知っている保護者の1人が、「教室美術館」の企画にしてみたらおもしろいのではないかと、子どもにプランを提案したのです。

「これがわたしのOSHI! ポスター展」では、子どもたちが「自主学2」で取り組んでいることを1枚のポスターにして展示することにしました。同じ教室で生活している仲間でも知らないことはあります。展示されたポスターを見て、「○○さんはこんなことに夢中になっていたのか」と、仲間をより深く知る機会になりました。お城、自動車、身近な花、地域の文化材、映画、料理、マンガ……仲間のポスターを見て、その内容に興味を持つ子どもたちも生まれました。

企画展を見た保護者も、わが子と同じ教室で学ぶ子どもたちのプラスの情報をえることになったと思います。「わたしのOSHI! ポスター展」は保護者にもたいへん好評でした。

「教室美術館」の魅力

「教室美術館」という「美術館ごっこ」に取り組み始めたのは身延小学校に勤務してからなので、7年の実践の積み重ねしかありません。7年の実践をふり返って、わたしは「教室美術館」には以下の5つの魅力があると思っています。これらは、「なぜ、『教室美術館』に取り組むのか」と問われた時の、わたしの答えでもあります。

【「教室美術館」の魅力】
(1) 子どもたちが、自分たちのアートで豊かな空間が生まれることを実感する。
(2) 子どもたちが、仲間の作品を味わうと共に、仲間を知る。
(3) 子どもたちが、自分や仲間の才能に出会う。
(4) 保護者が、子どもたちのアートの素晴らしさに出会い、子どもたちを知る。
(5) 教師と子どもたちと保護者とで「美術館ごっこ」が楽しめる。

「アートのある教室にしたい」という言葉に、有名絵画の複製ポスターなどが掲示してある教室風景をイメージする人がいるかもしれません。レプリカや複製ポスターではなく、学校にゆかりのある作家の作品を、玄関や廊下に展示している風景もしばしば目にします。

わたしも、新採用教師時代から、ミレーやセザンヌ・シャガールなどのポスターを教室に掲示していました。そのなかには、新採用の時代から退職するまで教室に掲示し続けてきたミレーの『冬　凍えたキューピッド』のポスターもあります。

しかし、「教室美術館」は、そうした有名作品の掲示とは考え方を異にしています。わたしが、名画のレプリカや複製ポスターを展示する「美術館ごっこ」ではなく、子どもたちの作品を展示する「美術館ごっこ」にこだわる

34

のは、次の4つの理由からです。

　1つめの理由は、子どもたちがAさんの作品に出会う（鑑賞）ことは、Aさんという「ひと」に出会う（知る）ことになるからです。作品を観て、「すごいなあ」「素敵だなあ」「おもしろいなあ」と作品を味わうだけでなく、「Aさんは野球が好きなんだなあ」とか「Aさんは、大きな魚を釣ってうれしかったんだろうなあ」と、作品を描いた仲間その「ひと」に出会うことになるのです。

　理由の2つめは、子どもたちに「自分（たち）の作品を飾って楽しむ」文化を育てたいからです。空間に自分の作品を置くことで、より豊かな空間になるという経験を小さい時から積ませたいと思います。

　子どもたちの作品には名画にも劣らない「力」や「楽しさ」があります。また1つの作品には、子どもたちのさまざまな物語が込められています。たとえば、夏休みの思い出を描いた作品であれば、そこには家族旅行の物語があります。大きな魚を釣り上げた場面が描かれていても、そこには往復の新幹線の思い出や食事をした思い出、陶芸を楽しんだ思い出など、家族旅行のあらゆる物語が込められているのです。わたしが子どもたちの作品を「教室美術館」で展示するのは、そういう子どもたちの作品の持つ「力」や「楽しさ」、作品に込められた物語を、子どもたちと味わいたいと思うからです。

　3つめの理由は、「保護者の学習参加」です。ゴッホであろうがピカソであろうが、どんなに世界的に知られた名画でも、複製画やポスターを掲示しているのでは、保護者はわざわざ教室に立ち寄ろうとはしないでしょう。子どもたちの作品だからこそ、保護者は「教室美術館」を訪れ、わが子だけでなく、教室のすべての子どもたちの作品を楽しむことができるのです。

　「教室美術館」で子どもたちの作品を展示する4つめの理由は、教師と子どもたち、そして他学年の子どもたちや保護者も一緒になって「美術館ごっこ」が楽しめるからです。教育現場で「遊び」というと、休み時間の遊びだとか、レクリエーション活動などを、授業や家庭学習の反対にあるものと考えられがちです。

しかし、わたしは「遊び」には、教育を魅力的にする大きな可能性があると思います。もちろんここで言う遊びは、鬼ごっこやドッジボールといったものではなく、「教室美術館」のような「遊び心」のある活動をさします。教師が「遊び心」を発揮することで、授業も学校生活も、もっともっとおもしろくすることができると考えます。「教室美術館」の実践にある「遊び心」を、他の活動にも広げていきたいものです。

保護者と楽しむ「美術館ごっこ」

「教室美術館」の実践で、わたしがやり残したことを紹介します。それは、「教室美術館」の企画運営に保護者に関わってもらう「保護者の学習参加」（第2章実践8で詳しく紹介します）です。

「教室美術館」の実践は、子どもたち・教師、そして保護者との「美術館ごっこ」です。その「美術館ごっこ」で、保護者の役割をさらに広げるのです。たとえば、保護者に「教室美術館学芸員」になってもらい、教師に代わって企画運営の中心になってもらうのです。保護者と限定せず、関心のある地域の人材を活用したり、退職した教師のボランティアに「教室美術館学芸員」をお願いするのも楽しそうです。

PTA活動が大きな転機を迎えています。たしかに、会長・副会長・○○部長・支部役員・県役員……など組織の一覧表に名前を連ね、事務局である教師が主導する会議に参加するといった活動に魅力はありません。

しかし、保護者たちは、学校教育に無関心なわけではありません。少なくともわたしは、学校教育に高い関心を示し具体的に活動する保護者に出会い、さまざまな活動に協力してもらいました。関心がなければ、仕事が終わってから「教室美術館」に足を運んでくださることはないでしょう。保護者のなかには、芸術や子どもたちの作品に関心のある保護者もいます。そういう方に「教育美術館」の実践に協力してもらうのです。保護者自身が「楽しい」と感じるような活動であればきっと参加してくれると思います。わたしは、「教室美術館」のような、教師と保護者が「遊び心」を持って活動できるよ

うな活動が、もっと学校現場に生まれてくればいいと思います。

「教室美術館」をスタートさせましょう

　教室後方の壁の半分または全面を「教室美術館」のスペースにあてます。そこに「教室美術館」でも「GALLERY36」でも「6年生ART MUSEUM」でも、気に入った名前をつけ、それを掲示しましょう。

　年度の途中であれば、すでに図工の時間に仕上げた作品があるのでそれを掲示します。年度始めには、まだ掲示する作品がないので、子どもたちの作品を掲示することができません。単級学年で、次年度、持ち上がりで担任することが予想される場合には、前年度の最後の作品（たとえば版画）を残しておいて、それを翌年の4月「教室美術館」に展示するという手もあります。

　手元に子どもたちの作品がない場合、子どもたちの作品以外を展示するという手もあります。たとえば、わたしは2020年度の6年生教室美術館の第1回企画展を「歴史授業開始記念　縄文美術展」と題して、縄文土器や土偶の写真をA3用紙にカラー印刷したものを10枚ほど展示しました。

　子どもたちの作品を展示する場合、名前のカードを美術館らしく工夫し、作品の下に掲示します。名前カードには、作品名、名前（日本語・英語）、作品の完成年月日を掲載します。紙の色や文字の色もあれこれ工夫してパソコンで作成します。展示終了後は、作品の裏に糊で添付します。

　企画展としてタイトルをつけ、ポスターを作成します。わたしは、B4用紙4枚分ほどの大きさのポスターを作成し、1枚を教室に、残りの2枚を校内に掲示していました。また、ポスターをA4サイズにしたチラシを、子どもたちの家庭に配布しました。

　「教室美術館」の実践で大切なことは、教師が「教室美術館」の素晴らしさや意義を、子どもたちに語り続けることです。たとえば、以下のような内容を、日々口にするのです。

　　▶自分たちの作品を飾ることで、すばらしいアート空間がつくられること。

▶仲間の作品を上手下手という見方をするのではなく、仲間のことを思い
　浮かべながら作品の世界を味わうこと。
▶作品のすばらしさを言葉で表現すること。

　2回めの企画展を考えるあたりで、子どもたちから企画展のアイデアを募
集するのもいいですし、「教室美術館」が自由な空間であることを話し、個
展やグループ展の希望者を募るのもいいと思います。教師の「美術館ごっ
こ」を、子どもたちと一緒に楽しむ「美術館ごっこ」にしていくのです。
　「先生と一緒に美術館ごっこをしたい人？」でも「教室美術館のお手伝い
をしてくれる人？」でもいいですから、子どもたちを「教室美術館」の実践
に参画させていきます。この時に注意するのは、係活動にしないということ
です。「係の仕事」として取り組ませるのではなく、「美術館ごっこ」という
遊びとして取り組ませるようにしましょう。
　企画展のチラシだけでなく、学級通信などで、保護者に「教室美術館」の
情報を流します。「お仕事の帰りに教室美術館にお立ち寄りください。前日
までにご連絡いただくとありがたいです」などと書き添えておくと、保護者
も来やすくなります。「何かおもしろそうな企画がありましたら、子どもた
ち経由でお知らせください」などと書いておくと、家庭で話題になるかもし
れません。
　保護者が来た時のために、メッセージカードを筆記用具と共に用意してお
きます。わたしはメッセージカードに「未来のアーティストたちにメッセー
ジを」という名前をつけました。
　子どもたちと共に「美術館ごっこ」を楽しむことを忘れずに、「教室美術
館」の実践をより豊かな実践にしていってほしいと思います。「教室美術館」
の実践の発想で、「教室図書館」「教室博物館」「教室フラワーショップ」「教
室農園」「教室新聞社」「教室ボランティアセンター」……などおもしろそう
な実践が生まれることも期待します。

「学びのWALL」と「数学者の黒板」の風景

実践・2

学びの WALL

● 「学びの過程」が見える教室をつくる

教室に入った瞬間に、「学びの過程」が見える教室

　教室に入った瞬間に感じる雰囲気があります。それは子どもたちが醸し出す場合もあれば、教室環境が醸し出す場合もあります。「やる気があるなあ」とか「集中力があるなあ」「仲がよさそうだなあ」という雰囲気は、子どもたちが醸し出す雰囲気です。

　それとは反対に、「この教室は大丈夫だろうか……」と心配になってくる教室もあります。教室環境が醸し出す雰囲気がそんな気持ちにさせるのです。たとえば、机や椅子が乱雑になっていたり、教師の机の上に提出物が散乱していたり、4月の学級通信が10月の教室に掲示されたままになっていたり、ロッカーの上に名前が書いてない赤白帽子やリコーダーが放置されていたり……そんな光景を目にすると、「この教室は大丈夫だろうか……」と心配になります。掲示物がほとんどなく、机と椅子だけが並ぶ殺風景な教室でも、「ここで過ごす子どもたちは幸せなのだろうか」と寒々しい気持ちになります。

　教室に入った瞬間にわたしが「すてきだなあ」と感じる教室は、その教室で取り組んでいることが見える教室です。たとえば、教室に入った瞬間に写

真のような光景が目に入ったとしましょう。この教室が5年生の教室であり、現在、社会科で水産業の学習をしていることが伝わってきます。このような、「学びの過程」が見える教室づくりを、多くの教師のみなさんに取り組んでほしいと思います。

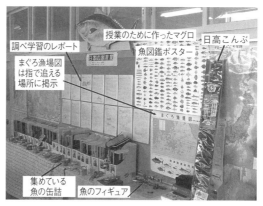

調べ学習のレポート
授業のために作ったマグロ
日高こんぶ
魚図鑑ポスター
まぐろ漁場図は指で追える場所に掲示
集めている魚の缶詰
魚のフィギュア

学びの過程が見える

水産業コーナーに展示していたものを紹介しましょう。

▶「日本の水産業」と書かれた掲示の下には、子どもたちが水産業について家で調べたことをA4用紙1枚にまとめた「調べ学習レポート」を掲示しています。子どもたちが新しい作品を仕上げたら貼り替えます。

▶1mほどの大きさのマグロの絵は、段ボールに拡大コピーしたマグロの絵を貼ったものです。授業で用いた後に掲示しておきました。マグロの大きさを常にイメージしてほしくて作ったのですが、もっと大きなものを作ればよかったと思っています。

▶「魚図鑑ポスター」と「まぐろ漁場図」は、それぞれ、この年、子どもたちが社会科見学で訪れる予定になっている東海大学海洋科学博物館（水族館）と、焼津の漁業資料館で、見学の下見の時に購入しました。子どもたちが、海の魚やマグロに夢中になっている時だったので、見つけた時にすぐに教室に掲示しようと思いました。

▶魚の缶詰が10個ほど並べてあります。水産業の授業を始めるにあたり、海のない山梨の子どもたちと水産業の世界を近づけるために、魚の缶詰を集めることにしました。はじめに、わたしが10個ほど購入して並べておいたところ、子どもたちが「こんなのもありました」と、家から魚

の缶詰を持ってくるようになりました。ある母親は、一緒にスーパーに
買い物に行くと、真っ先に鮮魚コーナーと缶詰コーナーに向かうわが子
のことを楽しそうに話してくれました。魚の魚や缶詰に夢中になってい
る子どもの姿が目に浮かびます。

▶「日高昆布」も授業で使うために購入しておいたものです。子どもたち
にとって昆布は、サラダやお味噌汁に使われている小さなものですが、
水産業で扱うものは生物としての昆布であり、加工品としての昆布です。
子どもたちの目が水産業に向くようにスーパーで購入しました。

▶マグロなどの魚のフィギアの展示しました。「魚図鑑ポスター」と同じ
ように、東海大学の海洋科学博物館（水族館）の見学の下見の時に購入
しました。子どもたちが目にするマグロのほとんどが絵や写真です。山
梨県のスーパーの鮮魚売り場に、マグロが一匹丸ごと並ぶことはめった
にありません。より本物に近いマグロ（立体的なマグロ）に出会わせた
いと考え購入しました。はじめは水族館のショップでぬいぐるみを求め
たのですが、イルカやシャチなどはあるものの、マグロのぬいぐるみは
見つけることができなかったので魚のフィギアで妥協しました。その後、
旅行で三崎港を訪ねた時、鮮魚センターで40cmほどの塩ビ製のマグロ
を手に入れました。1mほどの塩ビ製のマグロもあったのですが、値段
を見て購入をあきらめたことを後悔しています。購入しておくべきでし
た。

▶日本地図と世界地図は、子どもたちの手が届く高さに掲示します。手の
届く高さに掲示することで、子どもたちは地図を指で読むようになりま
す。また、「地名探し」など地図を使って遊ぶようになります。

▶その他、『魚図鑑』をはじめ、水産業やマグロ関係の書籍なども置いて
おきます。

　この年は、社会科の水産業の学習と結びつけて、マグロを教材にした学習
に取り組みました。社会科は週3回しかないのですが、教室環境を充実させ

ることで、教室は常に水産業やマグロについて学ぶ空間になります。

　家で取り組んできた「調べ学習レポート」を読み合うことで、子どもたち
は教科書の内容を超えるさまざまな知識に出会います。「魚図鑑ポスター」
や魚のフィギア、展示された缶詰や日高昆布などの実物資料は、子どもたち
を夢中にさせるきっかけをつくります。缶詰になる魚が限られていることに
気づいた子どもたちは、スーパーで新しい魚の缶詰がないか探し始めます。
授業のなかで缶詰工場についてふれるのはわずかですが、子どもたちは自分
で豊かな学びをつくっていくのです。

　映画館では上映中の映画や公開される映画のポスターが貼られ、ショップ
には関連グッズが並んでいます。そこに足を踏み入れただけでワクワクした
気持ちになります。「学びの過程」が見える教室はそれに似ています。毎朝、
教室に入った時から、子どもたちの心をときめかすような教室をつくりたい
というのが、わたしの願いです。

　すでに授業が終わっていても、教室の掲示や展示につなげて授業内容に戻
り、新しい「なぜ」や「わかった」に出会うこともあります。子どもたちに
とっての「学び」は45分で完結するのではありません。授業時間を超えて
続きます。子どもたちは、1つの授業・1つの単元の学習が終わっても、何
かのきっかけでそこに戻ることがあります。その観点で教室空間をデザイン
することで、教室空間が「学ぶ空間」になるのです。

「学びのWALL」とは何か

　「学びのWALL」とは、教室の後ろの壁に設けた、学習に関係する掲示コ
ーナーのことです。子どもたちの絵や習字を掲示するように、学習に関する
掲示がある教室も珍しくありません。算数の公式や新出漢字が書かれたカー
ドなどが掲示されている光景はしばしば目にします。

　子どもたちの絵画などを掲示するコーナーに「教室美術館」と名前をつけ
たように、学習に関する掲示コーナーに「学びのWALL」と名前をつけま
した。そこを「学び」が生まれる場にするのがねらいです。

国語で「やまなし」を学んでいる時の
「学びのWALL」

2020年度の6年教室では、国語で宮沢賢治の「やまなし」を学んでいる期間、物語の舞台である谷川の川底の写真を掲示しました。

ネットで検索すれば川底の写真は簡単に手に入ります。それらをB4サイズの紙に12枚ほどカラー印刷し、カワセミの写真3枚と併せて「学びのWALL」に掲示しました。特に解説文をつけることもせず、ただ写真のみを掲示しました。

谷川にも川底にもふれた経験が乏しい子どもたちにとって、川底の写真は、映像世界を言葉で表現した「やまなし」を味わう入り口となりました。子どもたちは掲示されている写真につなげて物語の世界を想像し、自分の言葉をつくっていました。

「学びのWALL」に川底の写真を掲示してしばらくして、掲示してある写真に実物大のやまなし（山梨）の写真が貼り付けてあることに気がつきました。その写真は、授業で子どもたち1人ひとりに配ったもので、やまなしの写真を実物サイズにカラー印刷し、形どおりにハサミで切り抜いたものです。それが「学びのWALL」に掲示してある川底の写真にのり付けされていたのです。

貼り付けた子どもたちの話によると、川底の写真のどの部分に貼ったらいいか、ああでもない・こうでもないと話し合ったり、教科書の文章を確認したりしながら、やまなしの写真を貼ったそうです。

4年生の国語教材「ごんぎつね」を学習する時には彼岸花の写真を、「一つの花」を学習する時にはコスモスの花の写真を掲示したこともあります。彼岸花やコスモスがどんな花かを紹介するだけなら写真を1枚見せればすむ

ことですし、実物を教室に持ち
込めば十分です。しかし、物語
のなかの「彼岸花」や「コスモ
ス畑」の世界をイメージさせた
いなら、10枚、20枚と掲示す
ることが必要です。教室に入っ
た子どもたちが、心のなかで
「わーっ」と声をあげるような
空間をつくることを楽しめる教
師でいたいものです。

「自主学2」の掲示

　6年生の国語の「鳥獣戯画を読む」の時には、「学びのWALL」のスペースを拡大し、鳥獣戯画の写真を、教科書に掲載されていない部分も含めて掲示しました。教科としての国語の目的は、鳥獣戯画そのものを楽しむことではありません。しかし、「学びのWALL」は教科の枠にしばられません。せっかく国語の教材に鳥獣戯画が取り上げられているのですから、それにつなげて子どもたちを鳥獣戯画の世界へ導くのです。

　「学びのWALL」に掲示するのは、授業に直接関係するものだけではありません。2021年度の6年生教室では、子どもたちがゴールデンウィークに取り組んだ「自主学2」（第2章実践7）の成果を掲示しました。

　身近な花を撮影した写真作品や、手打ちうどんづくりに挑戦したことをまとめた作品、地域の文化財を撮影した写真作品、自分が栽培しているトマトの栽培記録など、何人かの子どもたちの「自主学2」の成果を掲示しました。

　子どもたちは、仲間の「自主学2」に出会うことで、身近な花や鳥、石造物や建造物などの文化材や史跡、料理のつくり方、映画など、さまざまな世界を知ることになります。また、「○○は、自分で地域を歩いて写真を撮ってるんだ」「○○はいろいろな料理に挑戦しているなあ」といった、仲間その「ひと」を知る機会にもなりました。内容や仲間に触発されて、「わたしもやってみよう」と思う子どもも現れました。

「学びのWALL」がめざすもの

「学びのWALL」に何を掲示するか、はじめから明確な考えを持っていたわけではありません。教育実践では、実践しながらよりよい内容を考えたり、その実践の意味を考えたりすることがよくあります。そこには当然ながら失敗もあります。想像していたように子どもたちが反応してくれないことはしばしばあります。その失敗に向き合い、どうすればいいかを考え、次の実践に挑戦していくというのが、教育現場で生きる教師の毎日なのです。

わたしの失敗例を1つ紹介しましょう。その年は学校全体で「学力向上」に取り組んでいたこともあり、赴任したばかりのわたしは、「学びのWALL」で、算数の重要問題の解き方や、平面図形の面積公式、地図記号などを掲示しました。教室に常に掲示しておくことで、内容が自然に定着するだろうと考えたのです。当時は校内の階段に地図記号の掲示したり、朝や帰りにミニテストに取り組ませたりと、今考えると首を傾げたくなるようなことが行われていたのですが、「学びのWALL」でもしばらく「学力向上」の流れにそった掲示をしました。

しかし、そうした「学力向上」を目的とした「学びのWALL」は止めることにしました。1番の理由は、算数の公式や新出漢字、地図記号、都道府県の位置など、教師が「定着してほしい」と考えて掲示する「学びのWALL」に、子どもたちが興味を示さなかったからです。その掲示が、子どもたちに「漢字の世界」や「数学の世界」、「地理・歴史の世界」のおもしろさに出会わせていなかったことが原因だと考えました。その失敗は、わたしが「学びのWALL」でしたいことは何なのかを考え直す機会となりました。

現在、わたしは「学びのWALL」がめざすことを、以下の3つの言葉で表現しています。

【「学びのWALL」がめざすこと】
（1）授業（教科）の「学び」に日常的に出会うことができる

　（2）「おもしろい」に出会うことができる

　（3）知識を身につける楽しさに出会うことができる

　以下、1つひとつ、「学びの WALL」がめざすことを見ていきましょう。

（1）授業（教科）の「学び」に日常的に出会うことができる

　国語の時間が終われば国語の「学び」が終わり、社会の時間が終われば社会の「学び」が終わるということではなく、子どもたちが、教科の「学び」に日常的に出会う場にすることを「学びの WALL」はめざします。

　たとえば、「やまなし」の授業で、谷川の川底を想像する時、子どもたちは、賢治の文章と「学びの WALL」に掲示されている川底の写真とをつなげながら自分の言葉をつくっていました。子どもたちは、「対話的な学び」で、新しい発見をしたり違和感に出会ったりして自分の考えを深めます。そういう「学び」を45分の授業が終わっても続くようにしているのが「学びの WALL」に掲示してある川底の写真なのです。

　放課後、授業で配布した「やまなし（山梨）」の実物大写真の切り抜きを、川底の写真に貼り付けている子どもたちは、カニになったつもりで、「やまなし」が描く川底の世界を楽しんでいたことでしょう。子どもたちがそれをしようと考えたのは、「学びの WALL」に写真が掲示されていたからです。また、算数の授業中に、何気なく「学びの WALL」に掲示されている川底の写真を見ていて、国語の授業で仲間と考えたことを思い浮べるかもしれません。「そういうことだったのか……」と思ったり、新たな考えが頭に浮かぶこともあるかもしれません。「算数の時間に国語のことを考えることは何事か」と嫌な顔をする人もいるかもしれませんが、わたしは、そういう子どもたちを歓迎します。

　このように、授業（教科）に関する掲示をしておくことで、子どもたちも教師も、いつでも授業（教科）の「学び」につながったり戻ったりするきっかけになるのです。そういうことが日常的に行われる教室文化が、教科の「学び」を豊かにするのだと思います。

（2）「おもしろい」に出会うことができる

　わたしは、子どもたちが「おもしろい」と感じる教室をつくりたいと思います。「学びのWALL」は、子どもたちの「おもしろい」を共有する場になります。

　たとえば「自主学2」の成果を掲示した「学びのWALL」では、それぞれの子どもたちが夢中になっているものが掲示されています。それらを見る子どもたちが出会う「おもしろい」は、掲示されている「自主学2」の内容だけの「おもしろさ」ではありません。地域の文化財の写真を撮影した子どもたちの「自主学2」には、友だちと2人で自転車に乗って文化財を探したことや、途中で蛇と遭遇したことなど、付随する「仲間の物語」があります。子どもたちは、地域の文化財への興味だけでなく、「自主学2」のなかにある仲間の物語も含めて、「おもしろい」と感じるのです。

　もう1つ、子どもたちが「学びのWALL」で出会う、教科に直結する「おもしろい」の例をあげましょう。2020年度の6年生教室の「学びのWALL」では、「ブラックボックス」を掲示しました。それは、本来の、算数・数学で用いる教具としての「ブラックボックス」ではありません（実際に数字の書いたカードを入力して、新しい数字が出力されるわけではない）。黒塗りの厚さ5センチほどの箱を壁に画鋲でとめ、そこに「入り口（入力）」「出口（出力）」と書いたラベルを貼り、以下のような説明を書いて掲示したものです。

　ここに不思議な箱がある。黒い（BLACK）箱（BOX）だからブラックボックスという。この箱は、ある働きをする。どんな働きをするか。箱を見ているだけではわからない。いったいどんな働きをする箱なのだろう。それを知るには、この箱に入れたものと、この箱から出てきたものをよーく観察することだ。入り口に入れた数が、出口でどう変わっているか。それをヒントに、この箱の働きを解き

明かせ！

　1つか2つ、例題をみんなと考えた
あと、いくつか問題を掲示します。た
ったこれだけのことでも、子どもたち
は夢中になって箱の仕組み（数式）を
考えます。

　友だちとホワイトボードを共有して
考える子どももいれば、1人でじっと

「学びのWALL」のブラックボックス

xとyを見比べている子どももいます。
休み時間や放課後も、ブラックボックスの前で楽しそうに考えている子ども
もいます。日を追うごとに問題は難しくなるのですが、問題が難しくなるほ
ど子どもたちは楽しそうに問題に取り組むのです。

　何日かすると、「自分が問題を作っていいですか？」と言ってくる子ども
が現れます。今度は、その子どもたちが作った問題を「学びのWALL」に
掲示し、みんなで考えます。算数に苦手意識をもっている子どもたちには問
題のつくり方を教え、問題を作らせ、その問題を他の子どもたちに解かせま
す。こうして、子どもたちは出題の楽しさも経験するのです。

　ブラックボックスを使った遊びに、子どもたちは「おもしろそうに」取り
組む姿を見せてくれます。「学びのWALL」は、子どもたちにとって、教科
を含めた「知の世界」の「おもしろさ」に出会う場であり、それを仲間と共
有する「楽しさ」を共有する場となるのです。

（3）知識を身につける楽しさに出会うことができる

　「学びのWALL」を、学力テストのための「学力向上」に役立てようとは
思いませんが、結果として教科の知識や考え方が身につくことはあります。
拙著『学び合う教室文化をすべての教室に』でもふれましたが、6年生を担
任するたびに、「学びのWALL」に歴史の授業で用いた写真や絵画資料を掲

示し、それぞれの絵や写真について3つの説明をするという課題に取り組ませました。

　たとえば、「蒙古襲来絵詞」の写真については、

　　▶「この絵は蒙古襲来絵詞という絵です。」
　　▶「右側の馬に乗っているのが竹崎季長という鎌倉幕府の御家人です。」
　　▶「元は2回、日本に攻めてきました。」

などと、3つの説明をしていくのです。

　他にも「てつはう」という武器を使ったこと、元軍と幕府軍の戦い方の違い、元寇の後に鎌倉幕府の御家人たちの不満が高まったことなど、説明は、授業で取り上げたことや教科書、資料集などに書いてあることであれば内容は何でもかまいません。

　受験勉強の経験からか、歴史学習は「暗記がたいへん」とマイナスイメージを持っている人が多くいます。わたしは、歴史学習で「知識を蓄える」ことは大切だと考えますが、「丸暗記」することに意味があるとは思えません。わたしたち教師にとって大切なのは、どうやって「知識を蓄えさせる」かを考えることです。

　「学びのWALL」では、さまざまな取り組みができます。2020年度の6年生の「学びのWALL」では、歴史の授業で取り上げた写真資料を「学びのWALL」に掲示し、それを使って、帰りの会で歴史学習のふり返りに取り組ませました。

　たとえば、文明開化の授業で用いた「銀座を描いた錦絵」をさして、
　「今日は、12月20日の文明開化の授業についてふり返ろう」
と課題を出し、グループで学習をふり返らせました。その後、誰か1人を指名してみんなの前で発表させたり、グループで1人発表者を決めて、グループ内で発表をさせたりしました。

　この活動を通して、子どもたちは結果として歴史の知識を蓄えていきまし

たが、それは試験前の知識の丸暗記とは異なる時間だったことは、子どもたちの楽しそうな表情からわかりました。

その取り組みについて、2020年度の6年生の1人は、

「ぼくが1番どはまりしたのが学びのWALLです。歴史について好きなので、中休みに歴史好きな人と一緒に、あの人はだれだ？　あれは何だ？　と問題を出し合いました」

と、ふり返っています。

楽しく知識を身に着ける

「学びのWALL」は、何かを掲示して終わりではありません。掲示しただけで、子どもたちに自然に歴史的な知識や考え方が身につくわけでもありません。子どもたちを「学びのWALL」に積極的関わらせる工夫をすることで、子どもたちは楽しみながら知識や考え方を身につけていくのです。

「学びのWALL」をスタートさせましょう

教室の後方か横の壁のどこかに「学びのWALL」をつくります。「学びのWALL」と書いた紙を貼るのもいいし、段ボールなどで立体的な「看板」にするのもいいでしょう。「学びのWALL」という名前にこだわる必要はありません。自分が好きな名前をつければいいのです。

とりあえず看板をかかげ、その下は何もしないでおきます。翌日、それを見た子どもたちは「何が始まるのだろう……」と思うでしょう。新しいことに期待する子どもたちは必ずいます。そこで、子どもたちに「学びのWALL」の話をします。朝の会の時間を活用してもいいでしょう。大切なことは、子どもたちが、これから始まる「学びのWALL」に期待するような話をすることです。そうすることで子どもたちは、「学びのWALL」に何が掲示されるだろうかと、楽しみにするでしょう。

　最初に掲示する内容は、教師がしっかり準備します。たとえば、社会科で「長篠の戦い」の授業をした後、授業で使った「長篠合戦図屏風」の拡大カラーコピーと、「長篠合戦図屏風を見てわからないことを見つけ、語り合おう」という課題を書いた紙を掲示しておきます。そして、子どもたちにこんなふうに話をするのです。

　　第1回めの「学びのWALL」は、前の社会科で学んだ長篠の戦いです。
　　授業で使った「長篠合戦図屏風」を貼っておいたから、ペアでわからないことを見つけ、その答えを想像してみよう。

　36人の教室であれば、それだけで5、6人の子どもたちが、休み時間に「学びのWALL」の前で、「長篠合戦図屏風」を見ながら課題に取り組み始めるでしょう。36人全員が課題に取り組むなどと考えたり、全員が同じ熱量で取り組むなどと考えたりしてはいけません。

　もう少し多くの子どもたちに関わらせたいと考えたら、たとえば帰りの会のなかで2、3分の時間をとり、グループで課題に取り組ませればいいのです。

　わたしの実践では、「学びのWALL」は教科にかんする掲示が中心でした。しかし、掲示中心の「学びのWALL」にこだわる必要もありませんし、教科にこだわる必要もありません。

　もし、これからわたしに「学びのWALL」の実践の機会があるとしたら、教科をはなれた内容にも挑戦したいと思っています。

　たとえば、教室後方のホワイトボードを「学びのWALL」とします。そこで、次のような課題を出して、子どもたちに自由に自分の考えを書かせます。

　▶なぜ、学校に通うのか。
　▶なぜ、いじめはなくならないのか。

▶日本に住む人々は幸せか。

▶校則は必要か。

「学びのWALL」に文明開化の授業で
用いた写真教材を掲示する

　こういった課題を1つずつ提示し、ホワイトボードに自由に自分の考えを書かせるのです。「今月の『学びのWALL』は哲学に挑戦！」というテーマを設け、1週間に1つずつ考えていくのもいいでしょう。多くの子どもたちを関わらせるために、たとえばリレー式に言葉をつなげていく方法も考えられます。子どもたちが1人ずつ順番に、一言ずつ、ホワイトボードに言葉を書き加えていくのです。

　　校則は必要だと思います。⇒なぜなら、校則がなければ、人に迷惑をかける人が出てくるからです。⇒では、1人ひとりが迷惑をかけないように行動できれば、校則はいらなのでしょうか。⇒スマホを学校に持ってきても誰にも迷惑はかけません。……

　このような、みんなで言葉をつないでいくような活動を「学びのWALL」でやってみるのです。休み時間、「学びのWALL」の前で、文章を始めから読んで先を予想する子どもや、自分の順番で何を書くか考える子どもなど、活動を楽しむ子どもたちのことを想像すると楽しくなってきます。

教室のなかにいつも算数（数学）
がある

実践・3

数学者の黒板
● 教室のなかにいつも「数学」がある

「勉強」と「遊び」の境界を曖昧にする

　テレビ番組で芸能人やレポーターが子どもたちに「勉強と遊び、どっちが
好き？」などとインタビューするのを見ながら「不用意な言葉だなあ」と思
うことがあります。質問する人の多くは、「遊び」という答えを期待してい
るようです。もし、「勉強が好き」などと答えが返ってきたら、信じられな
いという顔で、「すごいね」「偉いね」などと過剰な反応をするのでしょう。

　「勉強」という言葉で多くの人々が頭に浮かべるのは、学校や塾で「授業」
を受けている姿や、家で机に向かって家庭学習をしている姿でしょう。そし
て「遊び」という言葉で頭に浮かべるのは、昭和生まれの人々は、野山や街
中を元気にかけまわっている子どもたちの姿であり、平成生まれの人々は、
黙々とゲームをしたり、動画を視聴したりしている子どもたちの姿でしょう。
そういう「勉強」と「遊び」のイメージがあるかぎり、「勉強と遊び、どっ
ちが好き？」と、子どもたちは問われ続けるでしょう。

　「勉強」と「遊び」を対立するものと考えている限り、「勉強」が「遊び」
に勝つことはないでしょう。「エベレストと富士山はどっちが高い？」と訊
いているようなものです。「勉強と遊び、どっちが好き？」は、まったく意

味のない、教育には何の役にも立たない問いであるばかりか、子どもたちに「勉強」と「遊び」は別のもの、対立するものだという考えをすり込んでしまう迷惑な問いだと言えます。

「学び合う教室文化づくり」では、「勉強」と「遊び」の境界を曖昧にします。対立的とらえていた「勉強」と「遊び」とを一緒にしたものを「学び」と考えます。

子どもたちは、学校や塾の授業、家庭学習のなかだけで学んでいるわけではありません。「遊び」のなかでも、子どもたちはさまざまなことを学んでいます。休み時間に校庭でサッカーやドッジボールをしている子どもたちや、公園でスケートボードで遊んでいる子どもたち、教室で将棋倒しに没頭する子どもたちの様子を見ていれば、そこにさまざまな「学び」が生まれていることに気づくと思います。

担任した6年生のなかに、自転車に夢中になっている子どもがいました。転んで膝小僧をすりむいたり、何度も失敗を重ねながら1つの技に挑戦している話を、楽しそうに語ってくれました。放課後の教室で将棋倒しをして遊ぶ子どもたちもいました。並べた駒を倒し、再び駒を並べる時、同じ並べ方ではなく新しい並べ方に挑戦していました。子どもたちは、頭のなかで倒れる駒の動き描きながら、駒を並べることに夢中になっていました。

2つの事例に共通するのは、子どもたちが対象に主体的に関わり、より高いレベルの技術を身につけることや、よりおもしろい駒の動きを成功させることに夢中になっていることです。このような対象との関わりが子どもたちに生まれている時、わたしは「学び」が生まれていると考えるのです。

そう考えると、わたしたち公立学校に勤務する教師の役目は、それぞれの教科の背後にある大きな世界（芸術、哲学、歴史、文学、数学、科学……など）につながる「学び」を子どもたち経験させることだと言えるでしょう。大きな世界への導き方はさまざまです。教科書にある「やまなし」という文学作品や「円の面積の求め方」から導くこともできるでしょうし、SDGsのように、わたしたちの社会が直面している課題から導くこともできます。そ

こで子どもたちが楽しいと感じたり夢中になったりする経験は、さらに大きな世界に入っていく力となります。

　「勉強」と「遊び」を曖昧にする・一緒にするという考えは、教室の日常のなかにも生かされています。たとえば、わたしの教室では、45分間の「授業」と、「休み時間」や「放課後」との境界が曖昧です。「授業」は「勉強」する時間であり、「休み時間」や「放課後」は「遊び」の時間であるという考えはありません。

　わたしが「きをつけ・礼・お願いします」の元気のいい号令・あいさつで始まる授業よりも、いつのまにか始まっている授業を好むのも、「勉強」と「遊び」の境界を曖昧にしたいからです。こうした考えは「授業と休み時間のけじめをつける」ことを強く意識している教師たちにはなかなか受け入れられません。わたしにとって大切なのは「けじめをつける」ことではなく、そこで子どもたちが夢中になって学んでいるかどうかということです。

　わたしが願うのは、「学ぶことは楽しい？」と問うたときに、1人でも多くの子どもたちが「楽しい」と答えるような教室を育てることです。「エベレストと富士山はどっちが高い？」と訊くのではなく「山登りは楽しいか？」と問うことができる大人であり教師でありたいと思います。「楽しい」という答えが返ってきたら、さらに好きにさせる話をします。「楽しくない」という答えが返ってきたら、たとえば、梓川沿いの道から見える山々の美しさだとか、手が届きそうな星の美しさだとか、近くに寄ってくる雷鳥のかわいらしさなど、山歩きの魅力を話します。それが教師の役割だと考えます。実際に山歩きを楽しむ子どもが1人でも生まれれば、教師としてこんなに嬉しいことはありません。

「数学者の黒板」とは

　ここで紹介する「数学者の黒板」も、「授業」と「遊び」の境界を曖昧にする取り組みの1つです。教室の後ろに設置された小黒板を「数学者の黒板」と名付け、そこに算数の問題を書いておき、いつでも誰でも自由に問題

にチャレンジできるようにしておくのです。

　算数の時間（授業）だから算数をするということではなく、子どもたちがいつでも算数に出会える環境の1つが「数学者の黒板」なのです。

　子どもたちは、「休み時間」や「放課後」の時間を使って、自由に算数問題を解きます。1人で問題に挑戦する子どももいれば、友だちと挑戦する子どももいます。

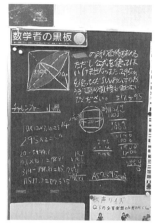

「数学者の黒板」の問題

　問題はわたしが準備しました。授業で学んだ内容の応用問題や、数学や算数の一般書のなかで見つけた問題、中学校入試問題集のなかで見つけた問題など、ややレベルの高い問題の他に、その時々に「おもしろそうだ」と思った問題を選び、直接黒板に書いたり、問題を書いたプリントを貼っておいたりしました。毎年開催される「学びの共同体研究会」や「授業づくり・学校づくりセミナー」で紹介された問題を取り上げたこともありました。

「数学者の黒板」がある風景

　2020年度の6年教室では、「問題をつくっていいですか」という子どもが現れました。日頃から数学関係の読書に親しんでいた子どもだったので、中学入試問題集やネットで見つけた問題でも出題するのかと思っていたのですが、「自分で考えた問題を出したい」と言います。それはおもしろそうだと思い、さっそく「数学者の黒板」の問題を作らせることにしました。そのなかにはわたしにも答えが出せないような問題もあったのですが、算数が得意な子どもだけでなく、算数に苦手意識を持っている子どもたちにも好評でした。

56

　答えの解説では、説明を聴く子どもたちから、「わからない」「もう1回説明して」「なんでそうなるの？」「やっぱりわからん」……などという言葉が出て、出題者の子どもが一生懸命に答える風景がよく見られました。難しい問題を考えているのですが、説明する子どもも、説明を聴く子どもたちも楽しそうな表情をしていました。「数学者の黒板」の前では、問題と楽しそうに向き合っている子どもたちの姿をよく目にしました。

「数学者の黒板」に向き合う子どもたち

　「数学者の黒板」に、子どもたちはどのように向き合っていたのか、2018年度の6年生の子どもたちは次のように書いています。

　　私は、教科書の問題はつまらないような気がします。わかっているものをやっても面白いと思いません。でも、数学者の黒板は、少しレベルが高いから少しむずかしくて、それが面白いです。わかってる問題を何問もやるより、わからない問題をずっと考えてる方が楽しいです。それに、1人じゃないから、男女関係なく、みんなでわからない問題ができるから、それも楽しいです。それで、わかった時は、めっちゃうれしいです。

　　6年生教室の数学者の黒板は、算数が苦手なぼくからしたら、すごくいいものでした。教科書よりすこしレベルが高かったけれど、友達と意見を出し合いながら考えるので、難しいけど答えにたどりついた時の達成感がすごくよかったです。自分1人でやっていた時も友達が来て、「おれもやろー」と言って手伝ってくれました。ぼくは、算数が苦手だったけど、数学者の黒板で苦手でなくなりました。これからもいろんな問題と向き合っていきたいです。楽しかったです。

　私は歴史よりも算数（数学）の方がじつは苦手でした。でも「数学者の黒板」は、自分が夢中になれました。わからないことがあったら自分 1 人でなやむのではなく、みんなで一緒に考え、こたえにたどりつく楽しさ、うれしさを実感できました。このようなことができるので、わからなそうな子がいたら、自分から引き寄せられるように一緒に考えたくなるようなことも何度かありました。「数学者の黒板」があることで、こたえにたどりつく楽しさ、みんなで考える楽しさを学ぶことができました。

　数学者の黒板は難しいけれど、とても面白かったです。特に図形などの問題と、「紙を何回折れば月に行くか」という問題が面白かったです。図形の問題は、複雑でややこしい感じがわくわくして、やればやるほど面白さが増していきました。「紙を何回折れば月に行くか」は、クラス全員で協力して、もぞう紙に 1 人 1 個計算しました。数学者の黒板は、頭がやわらかくなって、問題も面白かったのでよかったです。

　算数に興味をもったり、算数が好きになるきっかけは人それぞれでしょう。計算が速く正確にできることがきっかけになる人もいれば、難問の正解にたどり着いた時の達成感がきっかけになる人もいると思います。もちろん、算数や数学の深い世界のおもしろさに出会ったことがきっかけになる人もいるでしょう。「数学者の黒板」でも、多くの子どもたちは難問の正解にたどり着いた時の達成感を味わっていました。

「数学者の黒板」のおもしろさ

　「数学者の黒板」でわたしが注目したのは、子どもたちが、仲間と問題を解いている瞬間に「おもしろさ」や「楽しさ」を感じているということです。子どもたちが楽しそうにしている様子は、並んで雑誌をめくっていたり、一

緒にカードゲームでもしているような感じさえしました。

　算数が得意な子どもたちは、なんとか正解にたどり着こうとします。家に持ち帰って時間をかけて考えてくる子どももいれば、なかには保護者や家庭教師・塾講師を巻き込んで正解にたどり着く子どももいました。

　算数に苦手意識のある子どもたちは、家から考えてきた子どもたちに対して「わたしにわかるように説明して」という態度で、算数の得意な子どもたちに立ち向かっていました。「なんで？」「どうしてそうなるの？」「そこがわからない」「それっていつ勉強した？」「もっとわかりやくす説明して」……などの声に、正解にたどりついた子どもたちの説明もおぼつかなくなることがありました。そこには「わからない」ことを大切にしている子どもたちの姿がありました。

　子どもたちの「数学者の黒板」の楽しみ方はさまざまです。「数学」の世界のおもしろさを楽しむ子どももいたでしょう。仲間と問題を考えることを楽しむ子どもたちもいたと思います。それは、仲間と将棋やけん玉、クロスワードパズルでも楽しむようなものだったと思います。子どもたちは、これまで「勉強」とされてきた算数問題で「遊ぶ」ことを楽しんでいたのです。

　ちなみに最後の子どもが書いていた「紙を何回折れば月に行くか」の問題は、クラス全員の力で答えにたどり着くという経験をさせたいと考え挑戦させた問題です。折り紙の厚さ0.08mmとして、それを何回折ると月までの距離38万kmに達するかという問題です。子どもたちを出席番号順に全員に1回ずつ折るごとに紙の厚みを計算させました（前の子どもが出した小数の答えに2をかける計算）。初めは途方もない回数を想像していた子どもたちが、「数学者の黒板」の計算が増えていくにしたがい、どんどん月との距離を縮めていくことを楽しんでいました。

「数学者の黒板」に子どもたちを参加させる

　「数学者の黒板」の問題は、いつでも誰でも挑戦していいことにします。

　始めに興味を示すのは算数が得意な子どもたちです。算数・数学の世界の

楽しさに出会っている子どもたち
や、進学塾で入試問題レベルの難
問を解き、教科書や学校のテスト
問題では物足りないと感じている
子どもたちです。算数が得意な子
どもたちや好きな子どもたちは、
特別なことをしなくても「数学者
の黒板」にとびつき、その子ども
たちに感化されて、興味を持ち始

「数学者の黒板」で説明する

める子どもたちが現れます。それを算数に苦手意識を持っている子どもたち
や算数嫌いの子どもたちにまで広げるにはどうしたらいいか……「数学者の
黒板」に取り組む時に出会う課題です。

　算数に苦手意識を持つ子どもや算数嫌いな子どもたちを「数学者の黒板」
に参加させるためにやってはいけないことは、そういう子どもたちに簡単な
問題を出すことです。算数が得意な子どもにレベルの高い問題を解かせ、苦
手な子どもに簡単な問題を解かせることが「個別最適」な学習だと考える人
がいるかもしれませんが、少なくとも「学び合う教室文化づくり」に取り組
む教室では、この考えは子どもたちに受け入れられることはありません。
「学び合う教室文化づくり」に取り組む教室の子どもたちは、算数が得意な
子どもたちはもちろん、特に算数が好きでも嫌いでもない子どもたちも、そ
して算数が苦手だと思っている子どもたちも、1人ですぐに正解にたどり着
くような簡単な問題を嫌います。

　子どもたちがより困難な課題に挑戦したり、より高度なテクニックに挑戦
したりすることは、ゲームやスポーツ（けん玉でもいい）に取り組む子ども
たちを考えてもわかることです。「勉強と遊びは違う」と考えるのではなく、
算数問題を「遊び」と考えてみるとよくわかるでしょう。

　算数に苦手意識を持つ子どもや算数嫌いの子どもたちを「数学者の黒板」
に参加させるために大切なのは、問題の質を下げないで、仲間と一緒に取り

組ませることです。2人でもいいしそれ以上でもかまいません。仲間と一緒に問題に挑戦する機会を教師がつくることです。あえて算数が得意な子どもとのペアをつくるも必要もありませんし、算数に苦手意識を持つ子どもどうしでもかまいません。大切なことは、1人にさせないことです。

　そのため、時々、「莉子と明日香と優大と信二の4人グループは、○月○日までに解き方を説明できるようにしておこう」などと、問題の脇に書いておきました。もちろん、その場合でも、「数学者の黒板」の問題は誰でも取り組めるようにしておきます。

　1人では正解にたどり着くのが難しそうで、「やる気」になれない問題であっても、誰かが一緒だと、課題に挑戦してみようという気持ちが生まれ、考えることができます。それは、仲間と「一緒にいる」ことによる「安心感」や「楽しさ」がそこにあるからです。

　仲間と一緒だと、レベルの高い問題にも取り組むことができます。答えを簡単に出せない問題ほど、子どもたちに仲間意識が生まれ、一緒に考えることに居心地のよさを感じます。登山でいえば、頂をめざして一緒に登山道を歩いているという感覚でしょう。登山の楽しさは、頂に到達した時だけに感じるわけではありません。登山道を歩きながら、仲間と一緒におしゃべりをしたり、水分補給をしたり、あめ玉をなめたり、植物の写真を撮ったり……と、歩くことそのことも楽しい時間なのです。難しい問題に挑戦するというのは、険しい山道を長い時間、仲間と歩いているようなものなのです。

　仲間と共に算数の問題を解いている子どもたちの表情は楽しそうです。家で1人で問題に取り組む時にはおそらく見せない姿だと思います。

　算数に苦手意識を持っている子どもたちが偶然に集まったグループでも、楽しそうに考えます。近くのグループから「そうか！」というような声が聞こえてくると、1人がそのグループに行き、聞いてきたことをグループの仲間に伝えています。もちろん、それで正解にたどりつくわけではありません。

　早々と答えにたどり着いてしまう算数が得意な子どもたちには、答えを求めることをゴールにせず、その後に、教室の誰もが納得する説明ができるこ

とを求めます。

　算数が得意な子どもたちに、みんなの前で解き方を説明をさせることもしばしば行いました。その説明がわかりにくかった時は「今のAさんの説明でわかった人？」と、説明を聴いていた子どもたちに問いかけます。説明がよくできていると感じた時には、

　　「今のAさんの説明でわからなかったことや、わかりにくかったことはどこ？」

と問いかけるようにしました。

　聴いている子どもたちがよくわかっていない時は、

　　「Aさんの説明では、あまり納得できないようだね。どんな説明をすればみんながなるほどと感じる説明になるか、グループで考えよう」

と、Aに対して挑戦的な言葉を投げかけます（もちろん、Aがそういう挑戦的な言葉がけに乗るタイプの子どもだからできることです）。

　　「全員が納得する説明をするには、自分のわかり方を説明するのではなく、相手のわからなさがどこか探り出し、それを1つひとつ、階段を登るみたいに、『わからない』を『わかる』にしていくんだよ」

というアドバイスすることも忘れません。このように、答えを出すことに長けている子どもたちには、答えを出すことの先に挑戦する目標をあたえることが必要です。

　「数学者の黒板」の前では、1つの算数の問題でつながった小さな「学びの共同体」が生まれます。

「数学者の黒板」から「数学者のホワイトボード」へ

　2021年度の6年生教室は、もとは情報室（コンピュータ室）でした。新型コロナの感染防止のために、36人の子どもたちを通常の教室で生活させることを避け、5年生の時に移動したのです。そのため、教室正面には黒板の代わりにホワイトボードが設置され、教室後方の壁には他の教室のようなミニ黒板はありませんでした。

　そこで、移動式のホワイトボードを教室に持ち込み「数学者のホワイトボード」と名付け、次のように書いたプレートを掲げました。

　　数学者のホワイトボード2021
　　算数の問題を「勉強」なんて考えず、「パズル」と考えよう。パズルは楽しむものだ。簡単なパズルより、仲間と一緒に難しいパズルに挑戦しよう。「算数問題というパズルを考えるのが楽しい」と思える自分をつくろう。

「数学者のホワイトボード」

　「数学者のホワイトボード」の実践は、それまでの教室の小黒板を利用した取り組みよりいいものになったと思います。両面が使えるだけでなく、写真のように床に座り込んで取り組むことができるなど、取り組みの自由度が増すこととなりました。ボード専用ペンを使って書くということも楽しいようで、算数が苦手な子どもがペンを持って、得意な子どもと一緒に考えている姿をよく見ました。

「数学者の黒板」の実践の手応え

　算数の授業ではないのに、子どもたちが算数・数学の世界に出会い、そこで豊かな「学び」を経験していること、そこに小さな「学びの共同体」が生まれることが、「数学者の黒板」の最大の魅力だと考えます。
　「数学者の黒板」を実践してきて、わたしが手応えを感じていることは以下の3つです。

【「数学者の黒板」の手応え】

(1) 子どもたちが、仲間と一緒に算数を楽しむ

(2) 算数が苦手な子どもたちが生き生きと取り組む

(3) 算数が得意な子どもたちが生き生きと取り組む

　1つめは、子どもたちが算数を楽しんでいるということです。それは、「数学者の黒板」の前で目にする子どもたちの姿が物語ります。「数学者の黒板」の前で、子どもたちはまるでパズルをしているように仲間と楽しそうに問題を解いています。何かをつかみかけた時の「そうか！」という声や、答えにたどりついた時の「できたー」「ああ、すっきりした」という声を耳にします。算数が得意な子どものなかには、「数学者の黒板」の前に立って、難しい顔で問題をにらみ続ける人もいます。難しい顔は困っている顔ではありません。その子どもなりに問題を楽しんでいるのです。どんな子どもも孤立しないのが「学び合う教室文化」が育っている教室のいいところです。時々、近くにきた子どもが「どう？　○○ちゃん、できた？」などと声をかけます。それに応じて、「ここまではできた……」という話を始めるのです。

　2つめは、算数が苦手な子どもたちが生き生きと取り組むことです。公立学校の一般的な教室では、算数が苦手な子どもたちが、授業で中学入試問題に出会うことはまれでしょう。算数が苦手な子どもたちには、発展問題よりも基本的な問題に取り組ませたほうがよいという考えが強く働きます。そこには、基本問題を繰り返し練習することで算数の基礎が定着するという考え方があります。それで、数日後のテストで基本問題のいくつかが解ける力がつくかもしれませんが、同じ問題を繰り返し練習する学習を楽しいと感じる子どもたちはそれほどいないと思います。

　「数学者の黒板」では、算数が苦手な子どもたちも中学校入試問題レベルの問題に取り組みます。これを、宿題で1人で取り組むのであれば苦痛となるでしょう。「泣きながら勉強する」という事態にもなるかもしれません。

　ところが、「数学者の黒板」では難しい問題を解くことは楽しいことにな

仲間と考えるから楽しい

ります。仲間と取り組むことがそうさせるのです。最後にやり方を説明しながら答えを出すことができたという達成感を感じたり、答えに到達できなくても、「ここまではわかった」と意識する経験は、算数を敬遠していた子どもたちに、「算数もあんがい楽しい」と感じさせることにもなるのです。そしてそれは、次の問題に向かう力となり、算数との関係をプラスの関係に変えていくきっかけになるのです。

　3つめは、算数が得意な子どもたちが生き生きと取り組むことです。どの教室にも、その学年レベルの算数の内容を先に学んでいる子どもたちがいます。わたしが担任した子どもたちのなかにも、小学6年生の段階で中学2年生レベルの内容を独学で学んでいた子どもがいました。

　「数学者の黒板」は、算数が得意な子どもや算数が好きな子どもたちが生き生きと取り組むことは言うまでもありません。そういう子どもたちは、塾などで中学入試レベルの問題に慣れているので、教科書レベルの問題に物足りなさを感じています。その点、「数学者の黒板」の問題は、子どもたちの要求に応えています。さらに「数学者の黒板」では、やり方を説明するという課題が課せられます。算数が苦手な子どもたちからの「わからない」に答える経験は特に重要です。子どもたちは、自分の説明が相手に伝わらないもどかしさを感じながら、相手の「わからない」に寄り添い、「どうすれば相手が納得する説明ができるか」という課題に向き合うことで「脳みそに汗をかく」ことになるのです。その過程で、自分自身の理解が浅かったところに気づくこともよくあります。また、「どこができないのだろう」「なぜそこでつまづくのだろう」と相手に寄り添いながら解き方を説明する経験を積んだ子どもたちは、相手を大切にするようにもなります。「おまえ、こんなこと

もわからねえの？　アホじゃない？」などと口にするような、仲間に敬遠される存在にはなりません。反対に、仲間から「○○さんに教えてもらいたい」と頼りにされ、慕われる存在になるのです。

　このように、「数学者の黒板」が教室にもたらすものは、「学力向上」という言葉で片付けられてしまう結果や成果ではありません。仮に学力テストのポイントがあがったとしても、それは、学力向上をめざした特別な練習をしたからではなく、教室のなかで、算数の問題を夢中になって解く経験をする子どもたちが増えた結果であり、算数に親しみを感じる子どもたちが増えた結果だと考えます。

「数学者の黒板」をスタートさせましょう

　教室の後方か横の壁に小黒板が設置されていたらそれを活用します。大きな黒板でしたら、半分を「数学者の黒板」してもいいでしょう。「学びのWALL」と同じように「数学者の黒板」という看板を掲げます。もちろん、「数学者の黒板」より素敵な名前を思いついたらそれを採用しましょう。

　教室のスペースに余裕があれば、両面が活用できる移動式のホワイトボードを活用するのもいいと思います。

　「数学者の黒板」のスペースに問題を書きます。問題は、小学6年生ならば「中学校入試問題集」を参考にするのもいいですし、算数・数学の一般書のなかから見つけるのもいいでしょう。問題をそのまま書き写してもいいのですが、独自にアレンジすることもおすすめです。たとえば、問題を書いたあとに続けて、

▶ この問題の解き方を5人の友だちに説明し、「よくわかった」という言葉をもらう。
▶ この問題の解き方が読んでよくわかる解説文を書く。

などという文をつけ加えておくのです。こういう課題を加えておくことによ

66

り、算数が得意な子どもたちだけが、問題を解いて終わりになることを防ぎます。「学び合う教室文化づくり」に取り組む教室では、通常の授業でも、相手に説明をしてわかってもらう喜びを経験しているので、算数が得意な子どもたちも抵抗感なく受け入れます。

「数学者の黒板」の準備を整えたら、「数学者の黒板」について、子どもたちに説明します。朝の会の時間でも、算数の授業のなかでもいいでしょう。しっかり時間をとって指導を行います。

子どもたちに指導するポイントは以下のことです。

▶ 誰でもいつでも、黒板に書いていいこと
▶ 答えまでたどりつけなくてもいいこと
▶ 書いたことに質問されたり「説明して」と言われたら、質問にこたえ説明をすること
▶ 書いたら名前を書いておくこと

わたしの経験では、始めにとびつくのは、算数が得意な子どもたちと、「算数ができない」というレッテルを貼られがちな子どもたちです。算数が得意な子どもたちが興味を示すことは誰もが想像するでしょう。塾で入試対策をしている子どもたちは、自分の腕試しのようなつもりで「数学者の黒板」の問題に向かい、それほど苦労することなく答えを出します。

「算数ができない」と思われる子どもたちも関心を示します。黒板の前に行き、チョークで何やら書きはじめます。正解になることはないのですが、算数が得意な子どもと苦手な子どもとが、黒板に肩を並べて同じ問題を解いている姿はいいものです。算数が得意な子どもがとなりをのぞき込んで、「なんでこうなったの？」と訊くこともあれば、算数が苦手とされる子どもが「どうしてここが4cmってわかるの？」などと訊くこともあります。

「数学者の黒板」に参加する子どもたちを増やしたいと思う段階になったら次のような指導を行います。

▶問題は、誰かと一緒に考え、自分だけでなく一緒に考えた仲間も、やり方が説明できるまでわかるようにする。

▶同じグループの仲間が全員、やり方を説明しながら答えを出せるようにする。

▶問題が解けない人に「よくわかった」と言ってもらえるベストな解説を考える。

こういった指導をする他、次のよう指導もしました。

　算数に苦手意識を持っている子どもを指名し、「1週間以内に、みんなにやり方を説明しながら答えをだせるようにして」と課題を与えます。ただし、1人では考えないことにします。一緒に考える人は、誰でも何度でも、ずっと同じでも代えてもいいことにします。他の子どもたちには、声をかけられたら必ず一緒に考えるよう話します。

　この指導を行う場合、算数に苦手意識を持っている子どもを観察することが大切です。誰と一緒に考えようとしているか、一緒に考えている人との間にどんな人間関係が生まれているか、考えている本人は苦痛や屈辱感を感じていないかどうかに細心の注意をはらいます。

　結果的に、中学校入試レベルの問題でも、解説をしながら答えをだせるようになります。そしたら、「すごい、○○中学校に入試問題がとけちゃったね」と言ってほめます。そして、「解き方がよくわからなかったら、○○さんに教えてもらおう」と、みんなに声をかけます。実際に、自信ありげに仲間に問題の解き方を説明している姿を見ると嬉しくなります。

　算数の時間ではないのに教室にこのような世界が生まれることは、「学び合う教室文化づくり」に取り組む教室ではよくあります。ここで取り上げたのは「数学者の黒板」の実践ですが、同じ発想で「科学の黒板」「文学の黒板」「哲学の黒板」……など、オリジナルの実践に挑戦するのも楽しいと思います。

テーブルから生まれる「学び」の空間

実践・4

「学び」が生まれる小さな工夫
●「学び合う教室文化づくり」のための一工夫

「学び」が生まれ、「楽しい」と感じる教室づくりめざす

　「教室空間のデザイン」の実践がめざす「教室」をもう一度確認しておきましょう。

- ① アートがある教室
- ② 学びの過程が見える教室
- ③ 仲間の「学び」が見える教室
- ④ 知の世界に出会う教室
- ⑤ 自分に出会う教室
- ⑥ 「おもしろい」がある教室
- ⑦ 安らぎを感じる教室
- ⑧ 教室文化ビジョンを感じる教室

　本章で紹介してきた「教室美術館」は①⑤⑥⑦の、「学びのWALL」は②〜⑦の、そして「数学者の黒板」は②③④⑥の実現をめざす実践です。
　以下は、これら3つの実践以外に、わたしが取り組んできたことを紹介し

ます。そのなかには、「学級図書館（学級文庫）」のように、多くの教室で行われているものも含まれています。これまで多くの教師によって実践されてきたことを、「学び合う教室文化づくり」という観点からとらえ直して実践したものです。どれもやろうと思えばすぐにできるものばかりです。そのまま取り入れることもできるでしょうし、自分なりに工夫して取り入れるのもいいでしょう。

テーブルで生まれる「学び」

教室にテーブルを置いてみる

　教室のなかにテーブルを1つ置くだけで人が集まり「学び」の空間が生まれます。それを「テーブルの学び」と呼ぶのは大げさですが、置かれた1つのテーブルでさまざまな活動が生まれ、「学び」が生まれ、子どもたちのさまざまな関係が生まれるのです。

　テーブルと言っても、学校の備品としてテーブルを購入するわけではありません。同じ高さにそろえた児童用の机を4つ合わせたもので十分です。倉庫から使っていない児童用の机を4つ持ってきて高さをそろえ、布ガムテープで簡単に固定します。そこに落ち着いた色調の布をかければテーブルができあがります。

　このテーブルは、工作台になったり、ノートの提出場所になったり、子どもたちの会議テーブルになったりします。「教室美術館」の立体作品の展示スペースとしても活用します。

　テーブルを置くスペースがない教室もあるでしょうが、多くの学校では子どもたちの数が減少していて、教室のスペースに余裕が生まれています。せっかく子どもの数が20人ほどになったのを、わざわざ30人に増やす必要はありません。教室空間に余裕ができた時こそ、教室空間デザイナーの本領を発揮するチャンスだと考えます。廃棄処分にするにはもったいない旧情報室

のパソコン用テーブルなどは、テーブルとして大いに活用したいところです。

　テーブルを工作台として活用することを考えて、近くの棚には、工作に使う物（材料や工具など）を、いつでも使えるように準備しておきます。テストやワークなど学習教材が入っていた段ボール箱をいくつか準備し、それぞれに「glue」「double-sided tape」「wire」「crafting materials」などと英語のラベルを貼ります。もちろん日本語でもいいのですが、「学び合う教室文化づくり」に取り組む教室の子どもたちは英語にも興味を示すので、あえて英語のラベルにしました。高学年になるとハングルに興味を持つ子どもたちもいます。中国語、フランス語、フィンランド語など、教師の「遊び心」を発揮したラベルにしてもおもしろいと思います。その言葉を習得させることが目的ではないので自由に楽しめばいいのです。

　2021年度6年生教室では、7つほどの段ボール箱に以下のものを分類して入れておきました。

10色以上の色画用紙や白い画用紙・セロハンテープ・両面テープ・布ガムテープ・カッターマット・はさみ・ホチキス・たこ糸・ビニルテープ・液体糊・木工用ボンド・布用ボンド・油性ペン・針金・使用済みの紙皿や紙コップ・給食で出たプリンの容器・使い終わったガムテープの芯・フェルト・綿・紙粘土・絵の具・クレヨン

　この他にも、大きめの段ボール箱のなかに、さまざまな大きさの長方形・正方形にカットした段ボール片を入れておきました。

　これらはいつでも自由に使っていいことにしておきましたが、カッターだけは別に保管し、子どもたちから希望があった時に使わせることにしました。

　どの教室にも、工作好きな子どもたちがいます。そういう子どもたちが、休み時間や放課後に工作テーブルを囲んで、使用済みの紙コップや紙皿を取り出して工作を楽しんでいました。

　工作テーブルから糸電話が生まれると、それ以外の子どもたちも加わり、

男子も女子も一緒になって「糸電話遊び」が始まりました。どこまで話が聞こえるかと教室から廊下に出て糸を伸ばすなどして、小学6年生の子どもたちが無邪気に遊んでいました。

工作に使うものを準備しておく

工作テーブルでボードゲームを作り、それで楽しむ子どもたちも現れました。使用済みの紙コップに色をつけ、余った工作用紙片を使って作ったオリジナルのボードゲームです。子どもたちは遊びの天才だと感じます。

決まったメンバーがテーブルを利用していたわけではありません。それまで一緒にいることが少なかった子どもたちが、一緒になって何かを作っていたり、作った物で

テーブルで工作が始まる

遊んでいるのを次第に見かけるようになりました。

工作テーブルの実践は、「環境を整える・準備する」ことの大切さを改めて実感させてくれます。ここでわたしが何かを指導していたわけではありません。わたしが行ったのは、指導することではなく、工作テーブルと工作に使う物を準備しておくという「教室空間のデザイン」をしただけです。それだけで、子どもたちは「ものづくり」を楽しみ、作ったもので仲間と楽しむようになるのです。

工作テーブルで生まれた問題を解決することで学ぶ

工作テーブルでは、「学び」が生まれますが、問題も生まれます。6年教

室で、数名の子どもたちが、丸めた新聞紙に布ガムテープを巻いたボールで野球ごっこを始めました。その時、教室内にいた子どもの顔に、手製のボールがあたってしまったのです。

　問題が起きた時は、「学ぶ」チャンスです。教師が「教室で野球遊びはやめなさい」と禁止するのは簡単ですが、それでは子どもたちは何も学ぶことはできません。

　さっそく、その日の帰りの会で、子どもたちが教室の問題として取り上げました。手製の紙ボールが顔にあたった子どもたちは、それが固いことや、当たると痛いことを話し、他の子どもたちは、教室のなかで野球ごっこをすることで騒々しくなることを問題点として指摘しました。

　教室内の野球ごっこに関わっていた子どもたちは、そうした意見にしっかり耳を傾け、その後、教室で野球ごっこをしないことにしました。時々、復活しそうになることがありましたが、その前に仲間が注意することで、教室の問題にはなりませんでした。

　布ガムテープを巻きつけた手作りボールは、「手作りけん玉」に形を変えていきました。その他にも、工作テーブル周辺の片付けの問題も生まれましたが、問題が生まれるたびに子どもたちは話し合い、問題を解決していきました。

　工作テーブルに取り組む時、同じような問題が生まれます。カッター使用に関する安全管理も問題になるでしょう。「体力向上」をスローガンに熱心に外遊びに取り組む学校では、休み時間に教室内で子どもたちが遊ぶことが問題になるかもしれません。

　そうした問題が生まれた時の基本は、その機会を利用し、子どもたちに問題解決を体験させることです。それが、子どもたちの問題解決の「力」を育てることになり、「社会を学ぶ」ことになるのです。

　教育現場でありがちな「工作テーブルのきまり」的なものは、始めから作る必要はありません。「使ったものはかたづけましょう」などと張り紙をしないことも大切です。禁止を呼びかける張り紙ほど、教室の雰囲気を息苦し

くするものはありません。後片付けが問題になったら、みんなでどうしたらいいか考えるのです。これも教室文化をつくるうえで大切なことです。

教室図書館を充実させる

　教室に図書コーナーがあるのは、日本の教室では珍しいことではありません。どの教室にも「学級文庫」や「学級図書館」などの名前がついた書架があったはずです。

　わたしが最後に勤務した身延小学校では、学級図書のコーナーを充実させることができました。各学年の学習内容を熟知していた図書館司書が、「おすすめの図書」として、それぞれの学年の発達や学習内容を意識して選定した20冊の図書を教室に置くことができました。また、それとは別に、教室用に図書館の書籍を40冊、一定期間（学期に1〜2回の入れ替え）教室に置くこともできました。その他にも、授業内容に直結する図書を教室に置くことができたので、図書館所蔵の本だけで60冊以上の本を教室にそろえることができたのです。

　2021年度の6年教室の「学級図書館」には以下の本をそろえました。

▶図書館司書が選定した20冊の「おすすめの本」
▶図書館から貸し出された40冊の本
▶わたしが自宅から持ってきた20冊ほどの歴史・科学関係の本
▶わたしが自宅から持ってきた20冊ほどの算数・数学関係の本
▶わたしが家から持ってきた40冊ほどの「日本の伝説」
▶わたしが家から持ってきた100冊近い歴史関係のマンガ文庫

　図書館から貸し出される40冊の選定は、「学級図書館」係（図書委員会に所属している子どもと希望者で構成）に任せましたが、半分以上は、その時期に学ぶ歴史関係の本にするようにしました。「歴史授業」をより充実させたいと考えていたからです。

　わたしが家から持ってきた歴史関係の書籍の多くは、博物館の図録や歴史関係の雑誌、城の写真雑誌などです。縄文土器や土偶関係では、写真が中心の図録や雑誌を集めました。戦国武将や城関係では、城や合戦の様子を再現したCG画像や写真など、見るだけで楽しめるものを集めました。それらは時々、書架から抜き出して、書架の前の図書テーブル（パソコンテーブルの再利用）の上に出しておきました。

　歴史関係のマンガもそろえました。石ノ森章太郎の『まんが日本の歴史』全60巻や、文庫『日本の歴史』、マンガの『水滸伝』『史記』、武田氏関係のマンガ単行本などを読めるようにしておきました。

　2020・2021年度の6年生は、教室で「マンガ大会」を行うなどして、マンガの楽しさを共有する文化を育てていたので、子どもたちは歴史マンガにも親しんでいました。

　算数・数学の世界に興味を持っている子どものために、算数・数学関係の図書もそろえて「算数本コーナー」を作りました。算数事典のような学習参考書的なものや、桜井進や芳沢光雄・新井紀子・秋山仁などが一般向けに書いた算数関係の本、遠藤寛子の『算法少女』などを並べておきました。「算数本コーナー」の本に親しんでいたのは、当初わたしが想像していた2、3人の子どもたちであり、クラス全体に広がることはなかったものの、他にもわたしの気がつかないところで手にしていた子どもたちもいたのかもしれません。

　「教室空間のデザイン」の実践にあたっては、常に「みんな」を対象にする必要はありません。「○○さんと□□さんのために」と、教室のなかの特定の子どもたちを対象にすることもあります。学校は「みんな」を対象にした教育をしがちです。しかし、実際にわたしたち教師の前にいるのは、「みんな」ではなく、さまざまな個性を持った1人ひとり異なる子どもたち、つまり「ひと」です。そういう子どもたち1人ひとりのニーズにすべて応えることは不可能ですが、教室に算数や数学の世界に高い関心を持っている子どもがいるとわかっているのなら、その子どもたちのための教室空間をデザイ

ンしたいものです。そういうことが
不平等だと問題にされるほど、日本
の学校は荒んではいません。

「学級図書館」の可能性

　「学級図書館」では、ぜひ、教師
自身の個性を生かした書架づくりに
挑戦してほしいと思います。宮沢賢
治が好きなら、宮沢賢治の作品はも
ちろん、関係する本を揃えてみるの
もいいでしょう。生物が好きなら、
生物関係の本や写真集・図鑑類を揃
えてみるのです。山村の学校の教室
であれば、海を取り上げた文学作品
や科学的読み物、写真集を100冊く
らい揃えてみる……。「美術館ごっ
こ」（第1章実践1）のように、ここ

図書テーブルの上に出しておく

算数本コーナー

にも、「図書館ごっこ」や「書店ごっこ」のような教師の遊び心を大いに発
揮してほしいと思います。

　教室のすべての子どもたちが「学級図書館」活動に主体的に関わる必要は
ありません。1人でも2人でも関心を持ってくれればいいのです。それが3
人、4人に広がる可能性もあるし、1人の子どもの関心がさらに深まること
もあるからです。

　未来の「学級図書館」の姿としてわたしが考えていることは、教室前の廊
下の図書館化です。教室を出れば、そこが図書館になっているのです。6年
教室前の廊下であれば、国語や算数、理科、社会など、6年生の教科書の内
容の関係図書などを中心に1000とか2000冊程度の本を並べておくのです。
書架の前には座り心地のいいソファを置き、テーブルには季節の花を飾りた

いものです。

　子どもたちは書架に並ぶ本の背表紙を眺めたり、気になる本を手にとってめくったりしながら、本との出会いを楽しみます。お気に入りの本が見つかったら、ソファに腰掛け、時間がくるまで読書を楽しむのです。

　スマホで本を購入する時代・デジタル書籍の時代だからこそ、そういう時間を経験させたいと思います。教室前の廊下が、「本」と出会い、本と対話できる場となったら素敵だと思います。

　「教室図書館」の実践は、「教室美術館」と同じくらい、豊かな実践が展開できそうです。「保護者の学習参加」（第2章実践8）で、保護者に書架の管理に協力してもらうのもいいでしょう。「教室図書館ボランティア」の保護者と子どもたち、そして教師とで「図書館ごっこ」を楽しむことができそうです。本の整理を手伝ったり、「教室図書館イベント」を一緒に計画したりと、楽しい世界がきっと生まれると思います。

花のある教室・教室で花を育てる意味

　新採用教師の時代から退職するまで、わたしはベランダや教室で花や野菜を育ててきました。2021年度の6年教室前のベランダでは、ゼラニウムやガーベラ、マリーゴールド、インパチェンスなどを育てました。花の他にイチゴを育てました。教室のなかでは、校庭で手に入れることができる百日草やコスモス、ドクダミなどの草花を飾りました。

　わたしが教室に花を飾りベランダで花を育てるのは、花を育てる楽しさや、花を飾る楽しさを子どもたちと共有したいからです。水道の前に置かれた牛乳ビンにドクダミの花が挿してあるのを見て「きれいだなあ」と感じ、「家でもやってみよう」と考える子どもたちを育てたいからです。

　そんな子どもたちを育てるために、以下の2つのことをしてきました。

　1つめは、子どもたちの目に入るところに花を置くことです。深紅の花を咲かせたゼラニウムの鉢や、白い花（正確には花ではない）を咲かせたドクダミを挿した牛乳ビンを、子どもたちの目に入るところに置くだけでいいの

です。

　2つめは、「ブックトーク」ならぬ「フラワートーク」を楽しむことです。「きれいだろ？　教室で冬を越したゼラニウムだよ」「ドクダミって畑では雑草なんだけど、こうして飾るときれいだろ？」などとおしゃべりをするだけでいいのです。日常的に（授業参観日だけでなく）教室に花を飾

教室ベランダの花
室内から見える高さに置く

り、その花について子どもたちとおしゃべるをするだけで、花に親しむ子どもたちは自然に育っていきます。

　ベランダでの花栽培で気をつけたいのが、花栽培を子どもたちの当番活動にしないことです。わたしも学級独自の係活動の1つとして、花の水やり当番を決めて取り組ませたことがあるのですが、子どもたちに「当番活動」の気持ちが強く働くようになってきたのでやめることにしました。「当番だから、水やりをしなければならない」という気持ちで活動していても、花が好きになることはないでしょう。

花栽培を手伝ってくれる
子どもたち

　「花を育てる」活動が当番活動になると、たとえば、水やりを忘れた子どもを叱ることになるかもしれません。そして、その子どもに「責任感がない」「勤労精神に欠ける」など、マイナスのレッテルを貼ることにもなりかねません。

　しかし、当番活動でなければ、たまたま自分から水やりをやってくれた子どもに、「ありがとう」と感謝することができるのです。実際、わたしがベ

78

ランダでポットの花をプランターに植え替えていると、興味がある子どもたちが話しかけてくることがあります。

「先生、それやったことあるよ」
「へえ、どこでやったの？」
「育成会で花壇の花を植える時」
「じゃあ、根の部分を柔らかくするのも知ってる？」
「知ってる」
「じゃあ、植えるのを手伝ってもらえる？」

　子どもたちとのこんなやりとりができる花栽培をめざしたいものです。
　教室やベランダで花を育てる・飾るという取り組みは、花が好き、花を育てるのが楽しいという気持ちを共有することに意味があります。
　ゴールデンウィークの頃になると、花を楽しむ子どもたちが育ってきます。自主学習で、家の花壇に咲いている花や地域で見つけた草花の写真を撮影してアルバムを作ってきた子どもたちがいました。また、6月には、日記に次のようなことを書いてきた子どももいました。

> 　今日の自主学2では、和田にある花を全部集めてバケツに入れました。ピンクの花や黄色の花、青の花、赤い花、大きい花や小さい花がありました。なかにはちょっとだけ臭いにおいの花や、いいにおいの花がありました。そのバケツをおばあちゃんに見せたら「わぁきれい」と言っていました。とてもうれしかったです。次もこういうことをやりたいなと思いました。（注：「和田」は地名）

　教室のなかに「花」があることによってどんな文化が育ち、それが子どもたちにどんな影響を与えるのかわかりませんが、多くの教師が意識的に実践を積み重ねることによって、教室に「花」を置くことのよさが、多くの子ど

もたちと教師に共有されていくと思います。

　ちなみに、わたしは、大学を巣立っていくゼミ生に、職場や教室の自分の机の上に、花を飾ることを楽しんでほしいと話しています。

将棋・けん玉など

　身延小学校の2017年度の6年生教室で将棋が流行りました。おそらく、誰かの、

　「教室で将棋をやっていいですか？」

というリクエストに応えて、教室に将棋の駒と将棋盤のセットを数セット用意したことがきっかけではなかったかと思います。棋士の藤井聡太さんが話題になっていたことも、将棋ブームの原因の1つだと思います。

　将棋セットは学校の倉庫に眠っていたものです。子どもたちは、放課後になると将棋を楽しんでいました。

　けん玉がブームになったのは2020年度6年生です。「自主学習2」で、けん玉に取り組みたいという子どもがいたので、教室のなかにけん玉を数セット用意しておいたのですが、しだいにけん玉に夢中になる子どもたちが増えていきました。そして、その年は、教室行事として、2回のけん玉大会を行うまでになりました。

　けん玉には集中力を高め、将棋には先を読む力を鍛えるなどの、いわゆる教育的な意味があるのかもしれません。もちろんわたしは、そういうことも少しは考えていたのですが、それ以上に、技を磨くことの楽しさや仲間と競う楽しさを味わうことに、魅力を感じていました。

「教室空間デザイン」が生み出す教室の雰囲気

　以上、(1) 教室美術館、(2) 学びのWALL、(3) 数学者の黒板、そして(4)「学び」が生まれる小さな工夫として、工作テーブル、教室図書館、花を育てること、けん玉・将棋の実践を紹介してきました。これらの実践によって、どのような教室の雰囲気が生まれるのか、2年間「学び合う教室文化

80

づくり」に取り組む教室で過ごした子どもたちが、卒業前に書いたものから
考えましょう。

　自分はずっとみんなが笑っていたと感じます。「教室美術館」では、ケシゴムハンコを作ったり、個性あふれる絵を描きました。また「12年後のわたし」を作りました。自分は野球をしている自分を作りました。隆二さんの水を表現しているところがすごかったことを今でも覚えています。(後略)

　私は教室のふんいきが好きです。特に「教室美術館」が好きです。理由は、見てて楽しいしおもしろいからです。今は1〜6年生までの写真をはっていますが、見てて「こういうこともあったな」となつかしい気持ちになってきます。そして、消しごむハンコや個性あふれる絵もやりました。はじめてハンコをしてみたけど楽しくできました。その他にも「学びのWALL」も好きです。じゅぎょうでやったこともふり返れるし、自分が言えなかったことも友達が言えるので、自分だけでなく、他のみんなも学べると思うのでいいと思います。

　(前略)「数学者の黒板」は、信太朗さんが出す問題を、颯人さんや智紀さんなどと考えました。ぼくは、前から教室が好きでした。教室が変わるたびに、どんな教室かな？　とわくわくしていました。この教室は、みんなで学ぶこともでき、自分の行ったものも展示できました。ぼくは絵が好きです。教室美術館で自分の取り組んだ自主学2を展示しました。

　僕は、そういう物が置いてあると、クラスのふんいきが前以上になごやかになると思います。理由は、まず、物が置いてあります。

それを1人の人が見て、友だちに見せるとします。すると、どんどん広がり、すると人気になり、みんなが集まるようになります。すると、みんなの教室のふんいきが普通より倍良くなります。また、「ブラックボックス」を教室に置くことによって、算数が好きな子や、クラスのみんなと学び合い高め合うことができるようになるからです。すると、教室のふんいきがとってもよくなると思います。

　第1章で紹介した実践は、どれも教職経験年数に関係なく、誰でも取り組めます。お金もかかりません。やろうと思えば、いつでも子どもたちや保護者と一緒に取り組むことができます。そう考えると「教室空間のデザイン」の実践は、目に見える教室環境づくりの実践だけではなく、子どもたちや保護者との「協同的な学び」をつくる実践とも言うこともできます。

　本章をお読みいただいた教師のなかには、「自分が教室で行っていることと同じだ」と思った方もいたでしょう。子どもたちの図工作品を掲示することはもちろん、学級文庫も花を飾ることもやっている……その他にも、水槽で魚やクワガタムシを飼育していたり、ベランダのプランターで野菜を栽培したりと、楽しそうなことに取り組んでいる教師がたくさんいることでしょう。そういう教師たちは、それを「〜ねばならない」仕事として行っているのではなく、自分の「楽しみ」として行っているのだと思います。そして、そこには教師が感じている楽しみを、しっかりキャッチしている子どもたちがいると思います。

　第1章で取り上げた実践は、研究会等で話題になることはほとんどありません。だからこそわたしは、こういう教師の世界の「楽しさ・おもしろさ」を、他の教師たちと共有したいと思います。また、これから教師をめざす人たちに伝えていきたいと思います。

2章 「ひと」・人間関係をつくる：「学び合い・育ち合う」授業を支える力

つながる子どもたち

1・「『ひと』・関係づくり」と「授業づくり」を同じ土俵にのせる

　いい写真だなあ……28人の6年生の子どもたちが、男女関係なく1つの輪になっている写真を見るたびに思います。教師なら誰もがこんな雰囲気の教室をつくりたいなあと思うはずです。

　第2章の「『ひと』・関係づくり」では、「学び合う教室文化づくり」がめざす「ひと」づくりと、子どもたちの関係づくりの実践を紹介します。

　本章で紹介する実践の多くは、これまで「学級指導」や「学級づくり」といった言葉で語られてきた内容に重なります。教師の仕事は授業だけではありません。第1章で紹介した「教室環境づくり」（教室空間のデザイン）はもちろん、「学級づくり」も教師の大切な仕事です。

　子どもたち1人ひとりに育っている「力」と、子どもたちの間に育っている人間関係は、授業にも大きく影響します。簡単に言えば、それらが「よ

く」育っていれば教室のすべての子どもたちにとって「学び」のある授業が生まれ、「よく」育っていなければ問題の多い授業になるということです。間違ったことを口にすると冷やかされたり馬鹿にされるような教室で、子どもたちが自分の考えを伸び伸び表現する授業は難しいでしょう。そんな教室に「対話的な学び」も「深い学び」も生まれることはありません。

「主体的・対話的で深い学び」を実現するには、子どもたちに話を「聴く」力が育っていることや、「聴き合う」関係が育っていることが不可欠です。また、「わからない」を肯定的に捉える文化や、仲間と支え合い・高め合う文化が育っていることも必要です。

そして、「ひと」づくりや関係づくりの実践は、授業と切り離して考えることはできません。「子どもたちの関係をしっかり育ててから、対話的な学びに取り組みたい」と口にする教師には、「授業づくり」と「『ひと』・関係づくり」とが深く影響し合っているということが見えていません。繰り返しますが、「教室環境づくり」（教室空間のデザイン）と「授業づくり」、そして「学級づくり」（「ひと」・関係づくり）の3つの領域が相互に影響し合っていると考えるのが、「学び合う教室文化づくり」の基本的な考え方です。

2・「学び合う教室文化づくり」がめざす「ひと」・関係づくり

「学び合う教室文化づくり」では、子どもたち1人ひとりにどのような「力」を育てようとし、子どもたちの間にどのような「関係」を育てようとしているのか、以下の8つに整理してみました。

【「学び合う教室文化づくり」がめざす「ひと」・関係づくり】
(1) 人の話を「聴く」力と、互いに「聴き合う」関係
(2) 「わからない」ことや「できない」ことをプラスに考える力と、その大切さを互いに認め合う関係
(3) 「どうやるの？」「教えて」と問う力と、そのよさを認め合う関係

(4) 仲間と共に自分の言葉をつくる力と、互いの言葉を高め合う関係

(5) 仲間と共同する力と、仲間と支え合い・高め合う関係

(6) 主体的に学習に取り組む力と、それを互いに認め合う関係

(7) 夢中になる力と、それを互いに認め合う関係

(8) 保護者や地域の「ひと」「もの」「こと」とつながる力と、それを一緒に楽しむ関係

　これら8つの「力」と「関係」を育てるための実践として、本章では以下の4つの実践を紹介することにします。

　実践5・「アクティブな聴き方」と「聴き方の達人」

　実践6・「わからないの達人」

　実践7・自主学習2

　実践8・保護者の学習参加

　この4つの実践のなかには、すでに拙著『「学び合う教室文化」をすべての教室に』で紹介したものもあれば、各地の研修会等で紹介したものもあります。取り組もうと思えば、教職経験年数に関係なく、いつからでも取り組めるものばかりです。興味がある実践があれば、本書で紹介する内容をそのまま実践するのもいいですし、自分なりの工夫を加えて取り組むのもいいでしょう。特に実践5と実践6の実践は、取り組みはじめて1か月ほどで子どもたちの姿に実践の手応えを感じると思います。

「アクティブな聴き方」を身に着けた子どもたち

実践・5

「アクティブな聴き方」と「聴き方の達人」
● 「学び合う教室文化づくり」でもっとも大切にしたいこと

話の「聴き方」を教える

「学び合う教室文化づくり」でもっとも大切なことは、子どもたち1人ひとりに話を「聴く力」を育てることと、教室の子どもたちに、話を「聴き合う」関係を育てることです。

「話を聴きなさい」という言葉をわたしたち教師はよく口にします。しかし、「話を聴きなさい」と口にする時、すべての教師が子どもたちの具体的な姿を具体的にイメージしているわけではありません。話を聴く子どもたちの姿をはっきりイメージできていなければ、話の「聴き方」を育てることは難しいでしょう。また、教師が「黙って手を後ろに組み、かかとを床につけて、話している人を見て聞いている」という程度のイメージしか持っていなかったら、その教室で「主体的・対話的で深い学び」が生まれる授業をすることは難しいでしょう。

話の「聴き方」を教えることは、教師の重要な仕事の1つだと考えます。どういう「聴き方」がいいのか、その「聴き方」をどうやって身につけるのか、教師は子どもたちにしっかりモデルを示す必要があると考えます。話の「聴き方」を教えることを疎かにしているかぎり、教室に「対話的な学び」

も「深い学び」も生まれません。「話をしっかり聴きなさい」といくら注意
しても、「しっかり聴け！」と怒鳴りとばしても、それは話の「聴き方」を
教えたことにはなりません。以下、わたしが子どもたちに、どのように話の
「聴き方」を教えてきたのかを紹介することにします。

「アクティブな聴き方」を教える

　新しい年度になった最初の学級活動の時間、子どもたちに、わたしが「ア
クティブな聴き方」と名付けた8つの「聴き方」を教えることにしています。
「アクティブな聴き方」を身に着けた子どもたちが築く関係が「聴き合う関
係」です。そして、「聴き合う関係」で結ばれた子どもたちが「対話的な学
び」を行うことで「深い学び」が生まれるのです。子どもたちに「アクティ
ブな聴き方」を育てることが、「主体的・対話的で深い学び」を実現させる
要と言えます。

　　【アクティブな聴き方】
　　(1) 話している人を見ながら聴く
　　(2) 聴きながら、心のなかで「おしゃべり」をする
　　(3) 聴きながら、「わからない」ことを発見する
　　(4) 聴いたあと、話の内容を人に伝える
　　(5) 聴いたあと、感想や意見を言う
　　(6) 聴いたあと、話について質問をする
　　(7) 話のつづきを想像する
　　(8) 相手の言葉を引き出す

　以下、8つの「アクティブな聴き方」について、1つひとつ紹介していく
ことにしましょう。

（1）話している人を見ながら聴く

　多くの教師が指導している「聴き方」です。「おへそを向けなさい」「目で話を聴きなさい」などの言葉で指導されることがあります。この指導で大切なことは、「なぜ、話している人を見るのか」を、子どもたちに語ることです。意味もわからず「先生に言われたから」と従わせるのではなく、「なるほど、たしかに話している人を見るのは大切だ」と子どもたちを納得させるのです。

　なぜ、話し手を見るのか。子どもたちには、発言者の表情から言葉に現れないメッセージ（自分の考えに対する自信や曖昧さ、思い入れ、言葉に込められた気持ちなど）を受け止めるためだと話します。声にならない声を聴くということです。

　もちろん説明しただけで、すべての子どもたちが、話している人を見るようになるわけではありません。毎日、毎時間、子どもたちに、話している人を見ることを意識させます。たとえば、シャープペンシルの芯を机の上で転がしていたり、ノートの上のケシゴムのかすを固めて遊んでいたりする子どもを見かけたら、そのまま見過ごすことはしません。

　「○○さん、□□さんの話が届いているかな？」
と声をかけ、話している人を見ていなかったことに気がつかせます。

　話の「聴き方」の指導として、頬杖をついて話を聴くことを注意する教師がいますが、話している人を見て聴いていれば、わたしは気にしません。わたしと子どもたちとで行う授業では、頬杖をついていても、ペン回しをしていても注意することはありません。その他、手を腰の後ろで組ませるとか、背筋を伸ばすとか、顎を引くというような1つの型にはめるような指導はほとんど行いません。子どもたちが話している人を見ていて、そこから「話を聴いている」ことを感じるかぎり、外面上の姿に対して注意を与えることはしません。ただ、頬杖をついて話を聴くことは良くないことだと考える人がいることは、子どもたちには話をしておきます。

　話している人を見ることを大切にしますが、見ていない子どもたちが必ず

しも話を聴いていないわけではありません。考えることに没頭していたり、発言者の話を聴いてひらめいたことを仲間と共有しようとしたり、テキストで確かめようとしたりする時です。「話し手を見る」という外面だけにとらわれて、考えることに夢中になっている子どもたちの状況を見落とさないようにすることも必要です

(2) 聴きながら、心のなかで「おしゃべり」をする

「心のなかでおしゃべりをする」とは、たとえば、話を聴きながら、

「どこでそう思ったの？」（テキストとのつながり）

「だれかの考えを聴いてそう思ったの？」（他者の考えともつながり）

「わたしの考えとくらべてどうだろう」（自分の考えとのつながり）

などと考えること、心のなかでつぶやくことです。

　発言者の考えがテキストのどこから生まれてきたのか、他の発言者の誰につながって生まれてきたのか、それが自分の考えとどう異なったり重なったりしているのかを考えながら聴くということです。

　この「聴き方」を育てるには、教師自身がお手本を見せることが有効です。たとえば、国語の時間にAが自分の考えを発表したとします。その時、

「Aさん、どこでそう考えたの？」

と、Aに問いかけ、根拠を意識させるのです。同じように、

「今の考えは前の誰の考えとつながる？」

と他者とのつながりや、

「今の考えはさっきの考えと比べてどう？」

などと、自分の考えとのつながりを意識した「心のなかのおしゃべり」の手本を示すのです。

　この「聴き方」が身についてくると、子どもたちは教師に問われる前に、

「教科書の〇ページの□行目のところで思ったんだけど……」

「〇〇さんの考えとちょっと似てるんだけど……」

などと、テキストとのつながりや他者の考えとのつながりを、発言に加える

ようになります。

（3）聴きながら、「わからない」ことを発見する

仲間の言葉をアクティブに聴く

子どもたちには、よく「簡単にわかったつもりになるな」「人の話がそんなに簡単にわかるわけがない」と話します。そして、わたし自身、子どもたちの発言を聴いていてわからないことがあると、「よくわからなかったからもう1回言って？」と訊いたり、

「今の考えって……ということ？」と、自分の受け止めたことが正しいかどうかを確かめます。

　教師自らが積極的に「わからない」という言葉を使い、「わからない」ことを人に訊くという姿を子どもたちに見せることで、「わからない」を大切にする子どもたちが育ちます。教師が「わかったふり」をしていたら、子どもたちも「わかったふり」をするようになります。教師が「そんなこともわからないのか」などと口にしていると、「わからない」ということに大きなマイナスイメージを重ねる子どもたちが育ちます。

　多くの子どもたちは、「わからない」ことは勉強ができないことであり、悪いことであり、恥ずかしいことであると考えています。特に、学習面で問題を抱える子どもやテストの成績を気にしすぎる子どもたちは、「わからない」自分を仲間に知られることを恐れ、「わかったふり」をしてその場をやり過ごそうとします。そういう経験の積み重ねが、子どもたちに「わからないの鎧」を身にまとわせることになるのです。

　「聴きながら、『わからない』ことを発見する」という「聴き方」を育てることで、子どもたちは「わからないの鎧」を脱ぎ捨て、「わからない」に主

体的に向き合うようになるのです。

　この聴き方を育てるには、たとえば、Bが自分の考えを発表しようとする時に、

　「今から発表してもらうBさんの考え、わからないことを探しながら聴こう」

と、子どもたちに話します。そしてBの発言の後に、グループで、どのような「わからない」を言葉にできたか交流するのです。こういうことを何度か行うことで、子どもたちは、話を聴きながら「わからない」を発見し、それを言葉にする力をつけていきます（「わからない」ことを大切にする授業については本章実践6でも詳しく述べます）。

　（4）聴いたあと、話の内容を人に伝える

　授業のなかで、教師が「わかりましたか？」と問いかけ、子どもたちが「わかりました」と応えたり、教師が「いいですか？」と問いかけ、子どもたちが「いいでーす」と応えたりする光景を想像しましょう。多くの人たちが違和感なく、授業でありがちな光景と感じるのではないでしょうか。わたしは、その時に「よくわかりません」という言葉が返ってくるようであれば、こういうやりとりも必要だと思いますが、「わかりました」「いいでーす」というやりとりしか生まれないのであれば、やめたほうがいいと思います。

　子どもたちが「わかりました」「いいです」と言ったとしても、本当は「わかっていない」ことはよくあります。すべての子どもたちの「わかりました」はありえないと考えた方がいいかもしれません。そうであれば、「わかりましたか？」ではなく、「どこがわからなかった？」「わからなかったのはどこ？」と問いかけたいものです。

　子どもたちには、

　「聴いたあと、話の内容を人に伝えることができるまで、話の内容がわかったなんて言わないようにしよう。そんなに簡単にわかるわけがない」

と話します。「聴いたあと、話の内容を人に伝える」とは、言葉をそっくり

そのまま再現することを求めているのではありません。そういうことは「オウムさんになってはいけないよ」と子どもたちに注意します。育てたいのは、聴いた話の内容を、自分の言葉で再現する力です。

　たとえば、Cが発言した後に、

　「今のCさんの言ったこと、ちゃんと伝わりましたか？」

と、みんなに問いかけます。

　「もう1回言ってください」

という声があればもう一度Cに話をさせ、再び、

　「どう？　Cさんの言いたいことが伝わったという人、手をあげて」

と訊くのです。そこで、多くの子どもたちが手をあげたとしても、さらに、

　「本当に伝わった？　じゃあ、Cさんはどんなことを言いたいの？　自分の言葉で伝えることができるかな？　できる人は手をあげて」

と、続けるのです。

　「聴き方」の指導の初期には、ここで半分以上の手が下がります。1人か2人になってしまうということもよくあります。そこで、

　「Cさんの考えを、自分の言葉で説明できるようにしよう」

と、グループで言葉づくりに取り組ませるのです。

　人の考えを自分の言葉で表現しようとすることで、よくわかっていなかったことに気づくことができます。わからなかったことはグループの仲間と確認したり、発言者に確認したりして、また自分の言葉にします。こういう経験を積み重ねることで、内容を理解しながら話を「聴く力」が自然に育っていくのです。

　(5) 聴いたあと、感想や意見を言う

　「聴いたあと、感想や意見を言う」聴き方を育てるには、日常的にその機会を多くつくることが有効です。授業だけでなく、朝の会や帰りの会、委員会活動、児童会活動、校外活動など、さまざまな場面で、話を聴いた後に自分の考えを語る機会を設けるのです。

　特に指導をしなくても、聴いた話について感想や意見が言える子どもは、どのクラスにも何人かいます。反対に、みんなの前で発言することに苦手意識を持つ子どもたちもいます。そういう子どもたちも含めて、クラスの子どもたち全員に、話を聴いたあとに感想や意見を言葉にできる「聴き方」を育てることをめざすのです。もちろん、放っておいて子どもたちにその力が育つわけではありません。指導が必要です。

　「聴いたあと、感想や意見が言える」聴き方を育てるために、ここでもグループの力を借ります。たとえば、みんなの前でDが発言をした時、

　　「今のDさんの考えを聴いてどう思った？　グループで感想や意見を伝え
　　合おう」

と、4人グループで、自分の感想や意見の「言葉づくり」に取り組ませるのです。

　感想や意見の交流というと、教師のなかには、できあがった感想や意見を発表し合っている姿をイメージする人がいます。しかし、大切なのは発表し合うことではなく、言葉をつくることです。「意見発表会」ではなく、グループ学習のなかで、1人ひとりが自分の言葉を、仲間の力を借りてつくることが大切です。そこで、

　　「4人全員が自分の感想や意見を言えるように、言葉づくりに協力し合う
　　んだよ」

と話します。子どもたちは、自分の言葉を語りながら、自分の言葉がつくれない仲間を支えます。

　しばらくしたところで、再び、

　　「Dさんの考えに対して、感想や意見をつくれた人？」

と、みんなに問いかけます。

　手のあがらない子どもたちがいれば、

　　「まだ、言葉ができていない人がいるね。もう少し時間をあげるから、言
　　葉ができていない人の言葉づくりに協力してあげよう」

と話し、再びグループ学習の時間をとります。

　みんなの手があがるようになるまでには時間がかかります。しかし、「アクティブな聴き方」の指導のスタート期に、そういう経験を何度か積み重ねることで、子どもたちは着実に力をつけていきます。

　（6）聴いたあと、話について質問をする

　「聴いたあと、話について質問する」力を育てる指導で大切なことは、どんな時に「質問する」のか、質問の目的を子どもたちに教えることです。多くの子どもたちは、質問は「わからない時にする」ものだと思っています。そう考えていると、「わかった」と思っている子どもや、「わからない」ことがわからない子どもたちは質問をしようとしません。質問する理由がないのです。

　そこで、質問には「わからない」ことを尋ねる他にも2つの目的があることを教えます。1つは「より深くわかるため」の質問であり、もう1つは「もっと話をさせるため」の質問です。

　子どもたちには、

　「質問は、わからないからするだけじゃなくて、もっと深くわかるために
　　するんだよ」

　「質問は、相手にもっと話をさせるためにするんだよ」

と話します。

　「より深くわかるため」の質問と、相手に「もっと話をさせるための」質問をする力をつけるため、授業のさまざまな場面で質問を言葉にする機会をつくります。たとえば、わたしが何かについて話をした後、

　「今の先生の説明を聴いて、質問をつくってみよう。疑問を解決するため
　　の質問でもいいし、もっと深くわかるための質問、先生にもっと話しをさ
　　せる質問でもいいよ」

と言って、グループで質問をつくり合うのです。こういう活動を通して、子どもたちに、質問をする「聴き方」を育てていきます。

（7）話のつづきを想像する／（8）相手の言葉を引き出す

「話のつづきを想像する」と「相手の言葉を引き出す」は、授業でしばしば生まれる次のような場面を想定しています。

授業中に、挙手をして指名された子どもが、途中で言葉が出なくなり立ちつくしてしまう場面です。また、グループ学習で、なかなか口を開こうとしない子どもがいる場面です。

たとえば、Eが発言の途中で言葉が出なくなって立ちつくしてしまった時、聴いている子どもたちに、

「Eさんがこの後どんなことを言おうとしているか想像してみよう」

「もし、自分がEさんだったとしたら、この後どんな言葉を続けるか考えてみよう」

「Eさんの言葉が出なくなってしまったのはなぜか考えてみよう」

などと話します。

これが、「話の続きを想像する」聴き方です。この聴き方が育っている子どもたちは、立ちつくしている子どもに対して「時間の無駄だから早く言えよ……」という気持ちになることはありません。仲間の気持ちに寄り添い、その言葉の続きを想像することを楽しむようになります。

その時も、1人で考えさせるより、グループの仲間と話の続きを想像させたり、言葉が止まってしまった原因を想像させたりします。立ちつくしている子どもを1人にしないことが大切です。Eを座らせた後、Eと同じグループの子どもたちに、

「Eさんの続きの言葉を引き出そう」

などと声をかけます。

Eのグループでは、他の子どもたちが、

「Eさん、（テキストの）どこを見て考えてたの？」

「Eさんの言いたいことってこういうこと？」

などと話しかけ、言葉を引き出しはじめます。そして、

「じゃあ、こういうふうに言ってみたら？」

などと言葉づくりを支える会話が始まります。

　言葉が出なくなってしまった時は、いつまでも立たせておくのではなく、すぐにグループの子どもたちの力を借りて、言葉づくりに取り組ませた方がいい結果を生みます。

＊

　以上が、わたしが教室のすべての子どもたちに育てたいと考える「アクティブな聴き方」と、その「聴き方」を育てるポイントです。

　「アクティブな聴き方」を育てる場は「授業」です。「授業」で育てた「アクティブな聴き方」は、その「授業」に大きな影響を与えるだけでなく、子どもたちの関係にも影響を与えます。

　大声で「話を聞きなさい」と繰り返していても、子どもたちに「聴く力」は育ちませんし、教室に「聴き合う関係」は生まれません。子どもたちに「聴く力」を育て、教室に「聴き合う関係」を育てたいと本気で考えるのなら、教師が、「アクティブな聴き方」のような具体的な話の「聴き方」のビジョンを持ち、それを実現する具体的な取り組みが必要なのです。

「聴き方の達人MANDARA」

　子どもたちに「アクティブな聴き方」を育てるための実践の1つが「聴き方の達人MANDARA」です。子どもたちに、どのような「聴き方」をめざすのかを具体的に示し、それを常に意識させるためにポスターにしたものです。MANDARAは、密教の悟りの世界を図で表現した曼荼羅（胎蔵界曼荼羅）からとったものです。

　2021年度の身延小学校の6年生の「聴き方の達人MANDARA」ポスターでは、以下の8つの「聴き方」を示しました。

【2021年度身延小学校6年生「聴き方の達人MANDARA」】
　(1) 話している人の表情から心のなかを読むことができる
　(2) 聴きながら心のなかで「どこでそう考えたのか」と考えられる

(3) 聴きながら「わからない」ことを発見できる

(4) 聴いた話の内容を人に伝えられる

(5) 聴いた話についての感想や自分の考えが言える

(6) 聴いた話につなげて自分の考えを深められる

(7) 話の続きを想像しながら聴ける

(8) 仲間の言葉を引き出す質問ができる

「聴き方の達人MANDARA」
ポスター

　ここにあげた8つの聴き方は、先にあげた「アクティブな聴き方」を、2021年度の6年生の子どもたち用の言葉にしたものです。このように、「アクティブな聴き方」の文言を毎年そのまま子どもたちに示すことはせず、常にどのような言葉で表現すれば子どもたちに「アクティブな聴き方」が育つかを考えながら、表現を考えています。

　「聴き方の達人MANDARA」ポスターの中央には、1度に10人の話を聴いたという聖徳太子の顔を配置し、そのまわりを囲むように育てたい8つの「アクティブな聴き方」を配置しています。

　教室内にポスターを掲示して終わりにしないで、子どもたちがそのポスターを常に意識させるようにします。たとえば、授業中、発言していたFの言葉がとまってしまった時には、

　「みんな、聴き方の達人MANDARAのNo.7を見て。Fさんは、この後、どんなことを伝えようとしたのかな。話の続きを想像してみよう」

と言葉をかけるのです。

　2021年度の6年生教室では、帰りの会のなかで、「聴き方の達人MANDARA」をふり返る時間をつくりました。ポスターをさしながら、

「今日一日をふり返って、これはできたなあと思う聴き方はどれかな？」

と話し、グループで自分の話の「聴き方」をふり返らせるのです。

　「アクティブな聴き方」を本気で育てたいと思うなら、子どもたちと教師とが、毎日毎時間、あらゆる機会に「アクティブな聴き方」を意識することが必要です。

全校で「アクティブな聴き方」を育てる

　すべての教室で「主体的・対話的で深い学び」をめざすために、学校ぐるみで「アクティブな聴き方」に取り組みたいものです。全校職員が「アクティブな聴き方」のヴィジョンを共有し、それを教室文化・学校文化にするのです。

　「アクティブな聴き方」を全校で取り組んでいた頃の大河内小学校や身延小学校では、学校生活のなかで、「静かにしてください」という言葉が使われることがありませんでした。教師でも子どもでも、誰かが子どもたちの前に立つと、子どもたちは自然に話すことをやめ、話し手に目を向けました（アクティブな聴き方№1）。わたし自身、何度も子どもたちの前に立つことがありましたが、子どもたちの食い入るような視線は忘れられません。

　全校集会で、校長が話をしたあとに、校長自ら、

　「今の校長先生の話について、何か感想や意見がある人？」（アクティブな
　聴き方№5）

と問いかけることがしばしばありました。

　5年生、6年生の子どもたちのほとんどの手があがったのはもちろんですが、学年があがるほどその人数は多くなりました。1年生の手があがることもありました。上級生たちの話の「聴き方」が下級生のよい手本になっていたのです。そういう子どもたちの話の「聴き方」は、外部から訪れた人たちに賞賛されました。

　教師みんなが「アクティブな聴き方」を共有していれば、子どもたちがおしゃべりをしていても平気で話し始めたり、聴いている子どもたちの表情を気にせず長々と話し続ける教師は少なくなると思います。

子どもたちに「話を聴く」力を育てることはとても大切です。わたしは現在、大学で教育方法の講義を担当していますが、学生たちには、しばしば

全校で「アクティブな聴き方」に取り組む

「子どもたちに話を聴く力が育っていて、子どもたちに聴き合う関係が育っていれば、教育方法など考えなくても、たいていのことは上手くいく」

と話します。

「アクティブな聴き方」の取り組みをスタートさせましょう

「学び合う教室文化づくり」を話の「聴き方」を育てることから始めてみましょう。年度の始め、4月の第1回目の学級活動の時間に、たとえば次のような話をします。

　　先生は〇年〇組をすばらしいクラスにしたいと思っています。来年の3月、みんなが「〇年〇組でよかったなあ」と思えるようなクラスにしたいと思います。そんなクラスにするため、先生が1番大事にしたいことを、これからお話しします。（子どもたちに予想させます。）

　　それは、人の「話を聴く」ということです。

　　今、みんなから、「いじめを出さない」や「みんな仲よくする」「楽しい教室にする」という意見が出ました。みんなが「話を聴く」ことがちゃんとできれば、いじめは生まれません。相手の「話を聴く」ことができる人は、相手の気持ちや考えがわかるからです。相手の気持ちがわかれば、いじめをしようなどと思いません。

> 　「話を聴く」ことができれば、けんかもおきません。けんかは「話を聴く」力が弱いからおきるのです。相手の「話を聴く」ことができれば、けんかを防ぐことができます。みんなが仲よくできる教室は、お互いに相手の「話を聴く」ことで生まれます。
> 　もちろん、「話を聴く」ことで勉強もできるようになります。
> 　先生は、1年間、「話を聴く」ということを1番大事にしていきます。だから、「話を聴く」ことができない時は本気で叱ります……

　このような話を子どもたちにした後、いよいよ「アクティブな聴き方」を子どもたちに示すのです。

　これまで一緒に仕事をしてきた若い先生方は、わたしの教室に掲示してある「聴き方の達人MANDARA」のポスターを見て、「これ、使っていいですか？」と言って利用していました。もちろん、教師の間に著作権など考えられません。データを渡すこともありました。ただ、利用するにあたっては次のアドバイスをしました。

▶「聴き方の達人MANDARA」の名前も含めてそのまま使うことはOKだが、自分の教室の子どもたちの実態を考え、文言を工夫するなどオリジナルの実践（名前も含めて）にした方が効果的であること
▶ポスターを貼るだけでなく、日常的に子どもたちをポスターにつなげて「話の聴き方」を意識させること
▶節目節目で、「話の聴き方」の育ち具合を、子どもたちと共にふり返ること
▶高学年の子どもたちには「聴く」と「聞く」の違いについて話すのもいいこと

　「アクティブな聴き方」の指導は、4月からスタートするのが1番いいのですが、1年の途中の何かの節目からスタートさせることもできます。たとえ

ば、ゴールデンウィークあけや、2学期・3学期の始まりなどに、次のよう
に子どもたちになげかけます。

　ここまで○年○組の様子を見ていて、「話の聴き方」が弱いと思
いました。そこで今日から（2学期は……）、○年○組の「話の聴
き方」を鍛えて行きましょう。
　「話の聴き方大作戦」と名づけ、みんなで「話の聴き方」の力を
つけていきます。
　みんなの「話の聴き方」を鍛えるために、こんなものを作りまし
た。（続けて「聴き方の達人MANDARA」のポスターを披露しま
す。）

　指導のポイントは、授業中はもちろん、学校行事や集会活動など、学校生
活のなかで常に「聴き方」を意識させることです。

　たとえば、毎日の帰りの会のなかで、「今日の聴き方」を話題にしていた
こともあります。「聴き方の達人MANDARA」を見ながら、グループで、
今日の聴き方がどうだったのか、どれがよくできて、どれがよくできなかっ
たかをふり返るのです。

　「アクティブな聴き方」の指導は、自分の教室で行うのもいいのですが、
できたら学年や全校で取り組み、その「手応え」を学年の教師・全校の教師
で共有したいものです。

　全校で「話の聴き方」に取り組んでいた大河内小学校と身延小学校でも、
すべての教室で「アクティブな聴き方」の8項目に取り組んでいたわけでは
ありません。「1　話している人を見ながら聴く」「5　聴いたあと、感想や意
見が言える」を、校長・教頭以下、全職員が意識し、あらゆる機会に実践し
ていました。

　学年や全校で取り組むことのメリットはいくつかあります。たとえば、新
採用教師が「話を聴く」ことを指導しようとしても、うまくいかないことが

あります。前年度の担任が強い力で押さえつけ、「話を聴く」そぶりを身につけてきた子どもたちは、なかなか言うことをきいてくれません。しかし、学年の4つのクラスの担任が「アクティブな聴き方」を共有し、協同で「話の聴き方」を指導することで、子どもたちは変わります。若い新採用教師の言葉が、学年4人の教師の言葉であることを、子どもたちが意識するからです。「学び合う教室文化づくり」に取り組むかどうかは別にしても、「アクティブな聴き方」を育てることで、学級や学校に「素敵なこと」がたくさん起きるでしょう。ぜひ、学年や全校で取り組んでほしいと思います。

「わからない」に向き合うことで始まる「学び」

実践・6

わからないの達人
●「わからない」が大切にされる教室を育てる

「わからない」のマイナスイメージ

教師「わかりましたか？」

子ども「わかりました！」

実践5・「アクティブな聴き方」でもふれましたが、授業の終わりに教師が「わかりましたか？」と問い、子どもたちが声をそろえて「わかりました」と答えるようなことはやめましょう。その代わりに、「わからないところはどこ？」と訊いてみるのはどうでしょう。

人の話はそう簡単にわかるものではありません。わたし自身、子どもたちの考えを聴いていて「わからない」ことがよくあります。わたしたちのまわりには、わかっていることよりも「わからない」ことの方が多いのではないのでしょうか。そして、まわりのことに「わからない」と感じた時、「学び」がスタートするのではないでしょうか。そう考えれば「わからない」に、もっとプラスのイメージを重ねていいはずです。

しかし残念なことに、「わからない」という言葉にはマイナスイメージが重なります。「こんなこともわからないのか」「なんでわからないの？」……そんな言葉をあびながら育ってきた子どもたちは、「わからない」ことは勉

強ができないことであり、ダメなことであり、悪いことであり、恥ずかしいことだと考えるようになるでしょう。そして、「わからない」ことが仲間に知られないように、ひたすら「わかったふり」をして、その場をすごす態度を身に着けるのです。

ここで紹介する「わからないの達人」は、子どもたちに「わからない」ことは悪いことでも恥ずかしいことでもなく、素晴らしいことであるという考えを育てていく実践です。

わからないの鎧・わからないの壁

なぜ、子どもたちは、「わからない」ことにマイナスのイメージを重ねるのでしょうか。「わからないと叱られる」と思っている子どもたちは、「わからない」ことで親や教師から叱られた経験があるのでしょう。「わからないことは恥ずかしい」と思っている子どもたちは、「わからない」ことで恥ずかしい経験をしたのでしょう。「わからないのは嫌だ」と思っている子どもたちは、「わからない」ことのよさを経験したことがないのでしょう。こうした「わからない」のマイナスの経験の積み重ねが、子どもたちに「わからないの鎧」を身に着けさせ、「わからないの壁」を築かせるのです。

授業を思い浮かべてみましょう。わたしたち教師は「わからない」とどう向き合ってきたでしょうか。「わかる」子どもたちが中心となる授業をしてこなかったでしょうか。「わからない」子どもたちを、授業の周辺に置いてこなかったでしょうか。成績上位の子どもたちを賞賛する一方で、「わからない」子どもたちを「問題児」として扱ってこなかったでしょうか。

その意図はなかったとしても、学校教育のなかで、「わからない」ことや「できない」ことにマイナスイメージをすり込んできた結果、「わかる」子どもや「できる」子どもたちは「優等生」で、「わからない」子どもや「できない」子どもたちは「問題児」とする教室文化を育ててきたのです。

もし、そういう教室文化を育ててきたとしたら、そのなかで生きる子どもたちは、「わかること」よりも、「正解」を見つけることや「正解」を覚える

ことの方が大切だと考えるようになります。授業中も、確実に「正解」とわかるまでは発言しようとせず、「わからない」ことがあっても、「わかったふり」や「できるふり」をして、その場をやり過ごそうとする態度を強くしていくのです。

「わからない」にプラスのイメージを持たせよう

　子どもたちが身にまとった「わからないの鎧」を脱ぎ捨てさせること、子どもたちが周りを固めた「わからないの壁」を突き崩すことは簡単ではありません。しかし、その手はあるはずです。「わからない」ことにマイナスイメージを抱かせた責任の一端が教師にあるとしたら、そのマイナスイメージをプラスイメージに変える責任も教師にあると考えることにしましょう。

　「学び合う教室文化づくり」では、「わからない」を大切にする「授業・教室文化づくり」をめざします。

　そのために、以下の4つの授業・教室文化ビジョンを描いています。

【「わからない」を大切にする「授業・教室文化づくり」のビジョン】
- (1)「わからない」と口にしても、誰からもバカにされない授業・教室文化づくり
- (2)「わからない」と言うとほめられる（プラスに評価される）授業・教室文化づくり
- (3)「わからない」はいいことなんだと実感できる授業・教室文化づくり
- (4)「わからない」と口にしたことで「よかったなあ」と実感できる授業・教室文化づくり

　こういう「授業・教室文化づくり」のビジョンを常に意識しながら授業を行うことで、子どもたちにある「わからない」に対するマイナスイメージを、プラスイメージに変えていくのです。以下、実践の内容を紹介します。

「わからない」を大切にする授業とは

これまでマイナスイメージで捉えられてきた「わからない」「できない」や「まちがえる」ことを、授業で大切に扱います。もちろん、これは、わたしだけが行っていることではなく、全国の教室で取り組まれていることだと思います。教育実践の歴史を眺めても、たとえば、島小学校の実践で有名な齋藤喜博先生の「○○ちゃん式まちがい」や、静岡県の中学校教師の蒔田晋治先生の詩「教室はまちがえるところだ」など、教師は同じような課題に向き合っていました。

「わからない」を大切にする授業を実現するため、わたしは以下の5つを意識しながら授業を行っていました。

【「わからない」を大切にする授業で意識すること】

(1) 授業の終わりに「わかりましたか？」と訊くことはやめ、「今日の授業でわからなかったのはどこだった？」と訊くようにする。

(2) 授業のなかで何気なく使っていた「わかった？」をできるだけ使わないようにし、その代わりに「今の説明でどこがわからなかった？」と訊くようにする。

(3) 社会科などで資料を提示した時に、「この資料を見て、わからないことを探そう」という課題に取り組ませる。

(4) 授業中、「わからない」という言葉を耳にしたら積極的に取り上げてほめる。

(5) 一般的に「できる子」と言われる子どもたちに、積極的に「わからない」ことを見つけさせる。

わたしたち教師は、「わかった？」「わかりましたか？」という言葉を口にする癖があります。とくに、説明のあとに使ってしまいがちです。そこで何かを説明したあとに教師が「わかった？」と訊くのではなく、たとえば、

「今の説明でわからなかったの
　はどこだった？」

「今の説明でわかりにくかった
　ところはどこだった？」

などと訊いてみるのです。「わか
らない」があることを前提とする
のです。

　授業の終わりに「わからない」
が出されても、それを取り上げて

「これ、どうやるの？」

説明したりみんなで考えたりする時間はありません。しかし、そうであって
も、「わからない」ことをみんなで共有することはできます。「わからない」
で終わる授業では、授業後に黒板の前にやってきて、それについて友だちと
話し合っている子どもたちの姿も見られます。授業時間は終わっても、「学
び」は終わらないのです。

　授業中、言わないように注意していても、うっかり「わかった？」と言っ
てしまうことがあります。そういう時は、続けて「どこがわかりにくかっ
た？」などと付け加えます。

　「どこがわからなかった？」と訊いて誰も挙手しなかったら、「わからない
ことを言葉にしてみよう」と、グループで「わからない」ことを考えさせま
す。2、3分のグループ活動で、ほぼ全員が「わからない」ことを言葉にで
きるようになります。

　わたしたち教師は、なかなか理解できない子どもたちに、「わからないと
ころはない？」「何か質問ある？」と声をかけがちです。そういうことを繰
り返していると、「わからない」はいつまでたっても「理解ができない子ど
もたちの言葉」のままであり続け、そのマイナスイメージを変えることがで
きません。

　そこで、理解力が高い子どもたちに、積極的に「わからない」という言葉
を使わせるようにします。たとえば、理解力が高い子どもGをあえて指名し、

「Gさん、先生の説明でわからなかったことや、わかりにくかったことなどをあげて」

「今日の授業でわからなかったことを3つあげて」

などと話します。

Gが言葉に詰まったら、グループに戻し、「わからない」ことを言葉にさせます。Gが「わかりにくかった」ことを言葉にしたら、たとえば、

「そうか……、そこがわかりにくかったか……。Gさんは、先生の説明よりもわかりやすい説明できる？　その部分で先生よりわかりやす説明ができるかな……。みんなも、先生よりわかりやすい説明を考えてみよう」

などと話し、グループで取り組ませます。

グループのなかで、理解力の高い子どもたちが生き生きと説明し、それを他の子どもたちが楽しそうに聴いています。そして「もっと○○したら？」と、聴いている子どもたちがアドバイスをすることもあります。教師よりわかりやすい説明ができるかどうか、説明をする方もされる方も楽しんでいるのです。そこには、教える・教えられるという縦の関係ではなく、一緒によりよい説明を考えることを楽しむ横の関係・平等な関係が生まれています。

このようにして、「わからない」を、理解が困難な子どもたちの言葉にするのではなく、教室にいるすべての子どもたちの言葉にするのです。

「わからないの達人MANDARA」

「わからない」の大切さを子どもたちに常に意識させるため、「聴き方の達人MANDARA」と同じように、ポスターにして教室に掲示しておきます。「わからない」ことを「わからない」と安心して表現することができるだけでなく、「わからない」から「学び」がスタートすることを教室のあたりまえにするために、子どもたち1人ひとりが何をしたらいいのかを具体的な姿で示したのが「わからないの達人MANDARA」です。

子どもたちに示しているのは、以下の8つです。

【2021 身延小6年生「わからないの達人MANDARA」】

(1) いつも「わからない」を探している。

(2)「わからない」に出会うと嬉しくなる。

(3) すぐに「わかったつもり」にならない。「わかったふり」をしない」。

(4) 自分がわかるまで何度でも「わからない」と言える。

(5) 自分の「わからない」を積極的に伝えようとする。

(6)「わからない」に出会っても泣かない、すねない、おこらない、悲しまない。

(7)「わからない」を、明るくポジティブに考えられる。

(8)「わからない」を仲間と考えることが楽しいと感じる。

　(6) は、教室にいる数人の子どもたちを想定しています。前担任からの引き継ぎでえた情報をもとに言葉にしました。「わからない」状況になったり、まちがった答えをしてしまったりした時に、涙をこぼしたりいじけてしまったりする子どもたちです。2021年度「わからないの達人」に限定して考えた文言です（2020年度以前は、ちがう文言でした）。

　このポスターを教室に掲示しておき、子どもたちに「わからない」を大切にすることを常に意識させるのです。そして、「聴き方の達人MANDARA」と同じように、授業で「その時」が来たら、「わからないの達人MANDARA」に子どもたちをつなげるのです。

　また、「聴き方の達人MANDARA」と同じように、帰りの会のなかで、

　「今日『わからないの達人』についてどうでしたか？」

と、子どもたちにふり返る時間をとることもしました。

　子どもたちに日常的に「わからないの達人」像を意識させ、「わからない」を大切にする授業を続けることで、教室に「わからない」を大切にする文化は着実に育っていきます。

子どもたちは「わからないの達人」をどう受け止めたか

わからないの達人MANDARA

「わからない」のマイナスイメージをプラスイメージに変えることは簡単にはいきません。仮に1つの教室で多少なりともそれに成功しても、次の4月から、子どもたちは「わからない」のマイナスイメージが充満している教室文化のなかで生きることになるかもしれません。そもそも、わたしたちが生きる社会が、「わからない」にプラスイメージを与えているわけはありません。

そう考えた時、わたしは「学び合う教室文化づくり」のなかで育つ子どもたちに、希望を託します。それは、わたしたちの社会のあたりまえになっている「わからない」のマイナスイメージを、子どもたちがプラスイメージに変えて行くという希望です。たとえ、「わからない」のマイナスイメージが充満しているなかに放り込まれたとしても、「わからない」を大切にする意味を学び、その心地よさを十分に体験した子どもたちのなかには、「わからない」にプラスイメージを持ち続ける者が必ずいて、その子どもたちは、新しい仲間と「わからない」を大切にする文化を創っていくと思います。

以下に紹介するのは、「わからないの達人」に取り組んで8か月たった（2019年12月23日）5年生たちの言葉です。これらを読むと、「学び合う教室文化づくり」を経験した子どもたちが、新しい世界でも「わからない」を大切にする文化を創っていくのではないかという期待がふくらみます。

> わたしは「わからないの達人」で、最初のころは、わからないのがはずかしくて泣いていたけれど、今は、わからなければ、どんどん友達に聞くようになりました。もちろん、友達がわからなければ聞いていたけれど、聞いていると中に「なんで」と聞くと、友達も

やっぱりわからないというふうになって、知ったかぶりを直せたりしました。このように、わからないが、自分のため、相手のためになるから、これからもつづけていきたいです。

　ぼくは「わからないの達人」に取り組んでいなかった時は、わからない問題があるとネガティブになり、すねてしまったり、すぐにあきらめてしまい、だまりこんでしまっていました。だけど、「わからないの達人」の取り組みをしてからは、わからない問題があると、かいだんをおりて考え*られるようにもなったし、1人だけで考えるのではなく、友達などに「これどうやるの」ときけるようになりました。この取り組みをして、とてもポジティブにもなれました。（＊「かいだんをおりて考える」とは、子どもたちに「わからないことに出会ったら、階段を1段おりるみたいに、自分がわかっているところまで戻って考えよう」と言っていたことから生まれた表現。）

　私は、4年生のころは「わからない」がダメな事だと思っていました。なぜかというと、わからないことは学んだ事が出来ていないという事だと思っていたからです。でも「わからないの達人」は、ダメだと思っていた事がよい事になっていました。また、わからないは、ならっていない事の他にも、新しい問題に出会ったらという場合も考えられました。でも、「わからないの達人」は、自分がわからないところを見つけるための、とてもよいめあてでした。「わからないの達人」になると、わからないところを見つけるとうれしくなります。考えたりなやんだりするのがなんとなくおもしろいのです。これからも「わからないの達人」をつづけていきたいです。

　私は、「わからないの達人」に取り組むようになって、一番変わったのは教科日記*です。今まで、教科日記では、その日学んだこ

とと、感想だけを書いていました。でも、「わからないの達人」の№8の「わからないことを教科日記に書く」というのをするようになり、授業中もわからないをみつけるために、人の話をしっかり聞くようにもなりました。そして、ほぼすべての教科日記にわからないことを書くようになって、教科日記が面白くなりました。そして、わからないことを見つけ、それを教科日記に書く時に、家の人に聞いたり、調べたりしたことで、さらに学びを深められたので良かったと思います。（＊「教科日記」については、第3章実践12を参照。）

　私は、今まで、わからない問題があったら、友達にかくしたり、人にわからないという事を伝えないように、人の前ではわかるようにしたりする事がありました。でも、「わからないの達人」をやって、わからないのは大切なんだ、うれしい事なんだという気持ちが持てるようになりました。だから、「わからないの達人」がなければ、わからないのはやだなあと、ネガティブになっていたと思います。でも、「わからないの達人」で、今までの私とは逆に、わからない事を質問したり、わからない事を人に伝えるというポジティブな考えをしていました。だから、まだできていない所は、班のなかでできたらいいと思いました。

　自分の授業でも、誰かの授業を参観する時でも、子どもたちのなかに「わからない」とつぶやきが生まれていないか、よく耳を澄ませてみましょう。「わからない」が聞えてくるのであれば、「わからない」を大切にする教室文化が育ってきている証拠です。それが困り顔の「わからない」ではなく、笑顔の「わからない」や好奇心あふれる瞳の「わからない」であるならば、「わからない」を大切にする教室文化が理想に近づいていると言えるでしょう。
　子どもたちに、あきらめの「わからない」を育てるのではなく、「学び」

のはじまりの「わからない」を意識させましょう。「わからない」にプラス
をイメージを重ねることは、教師の大切な役割だと思います。

「わからないの達人」の取り組みをスタートさせましょう

　「わからないの達人」も「アクティブな聴き方」と同じように、年度のス
タートの4月から取り組むのがベストです。もちろん、1年の節目を利用し
て取り組みをスタートさせてもいいのですが、わたしは一刻も早く、子ども
たちが身に着けた「わからないの鎧」を脱がしてあげたいと思っています。

　「わからない」を大切にする教室文化を育てる方法も、「話の聴き方」を育
てる取り組みと同じくシンプルです。毎日取り組むということです。1度や
2度、教師が話をしたり授業で取り上げてどうなるものではありません。子
どもたちの前で、常に「わからない」が大切であることを話し、毎日毎時間、
「わからない」を大切にする授業を行うことによって、教室に「わからない」
を大切にする文化が育つのです。

　1番はじめに取り組むことは、子どもたちに、「わからない」の大切さに
ついて話をすることです。年度始めの学級活動の時間でもいいですし、教科
の最初の授業（オリエンテーション）で「わからない」の大切さについて、
話をするのもいいでしょう。

　わたしは、2021年度の6年生（36名）の第1回めの学級活動の資料のなか
に次のような文章を載せ、「わからない」を大切にすることや、仲間に尋ね
ることの大切さについて子どもたちに語りました。

　「わからない」を大切にする気持ちと態度を身につける

　授業では「よくわからない」「わからない」と言う人をほめる。
反対に「わかったふり」をしている人や、「わからない」とも言え
ずに「だんまり」の人には厳しい。

　何も答えられない人は「考え途中」の人、つまりまだ「わかって
いない」人なのだ。そういう時は、「わからない」と言うことが大

切。「わからない」と認めることは恥ずかしいことではない。なぜなら、「わからないことがわかった」のだから。「わからない」のに、「わかったふり」をして自分にうそをついている方が恥ずかしい。

　もし、「わかったふり」をしたままでいると、中学校に行って必ず勉強ができなくなり苦しくなる。「わかったふり」をしているかぎり、いくらお金を払って塾に行ったり家庭教師をたのんだりしても、できるようにはならないだろう。それどころか、どんどん勉強が大嫌いになっていくだろう。そんなことにならないように、日ごろから堂々と「わからない」と言うことが大切だ。

　「わからない」は、考えることを終わりにする言葉ではない。「わからない」は「学び」をスタートさせる言葉なんだ（強調は引用者）。だから、先生も、「わかりましたか？」で終わる授業ではなくて、「わからないことは何ですか？」で終わる授業をしたいと思っている。

「これ、どうやるの？」と仲間にたずねる態度を育てる

　学校は仲間と一緒に「学ぶ」場所だ。一緒に「学ぶ」必要がなければ、わざわざ学校に来る必要はない。家庭教師で十分、オンライン授業で十分だ。だから、仲間がいる時は、どんどん仲間と学べばいい。1人でできないことも、仲間と一緒だとできることはよくある。1人で考えるよりも、仲間と考える方がずっとおもしろい。

　もしも、先生が36人の「わからない」に1つひとつ答えていたら、1人1分でも、36分もかかってしまう。時間がもったいない。しかし、9つのグループのなかで、自分たちで同時に「わからない」の答えを考えたらどうだろう。1分間で同時に9人の「わからない」が解決できるかもしれない。

　「わからない」を見つけたら、友だちにどんどん聞こう。もし

　　も、あなたが「わかんない。これ、どうやるの？」と誰かに聞いた
　　時、聞かれた人がバカにするような態度をとったら……、その時は
　　先生が厳しく指導する。なぜなら、いいことをジャマしているから
　　だ。いいことをしようとする人がバカにされたり悲しい思いをする
　　ような教室は良くない。
　　　「これ、どうやるの？」「これ、何て読むの？」……、こんな言葉
　　が、自由に言える自分を育てよう。

　　　　　　　　　　　　　　　　　（「2021年度4月学級活動資料」より）

　「わからない」に対するわたしの考えを話した後に、「わからないの達人
MANDARA」ポスターを子どもたちに提示します。ポスターは教室内に掲
示しておき、授業中や帰りの会などで活用します。
　ここまで終わったら、あとは、毎日、毎時間の授業で、「わからない」を
大切にする授業を心がけます。
　「わからない」ことで困ったり、「学び」を投げ出す前に、攻めの姿勢で
「わからない」を取り上げます。「できた人？」と訊くのではなく、「答えが
出せずに困っている人？」訊くのもいいことです。「誰に訊かれても答えの
出し方を完ぺきに説明できるくらいわかった人？」と訊いてみると、挙手す
る人はぐっと少なくなります。そしたら「まだ、こんなに『わからない』人
がいるね。グループで、どこがわからない・自信がないのか出し合ってみよ
う」と言って、グループ活動に取り組ませるのです。
　時々「わかった人は、わからない人に教えてあげて」と指示を出す先生方
がいますが、わたしは、「わからない人は、わかったつもりになっている人
にどんどん声をかけて、自分がわからないことや自信がないことを聞こう」
と子どもたちに話します。教えてもらうことを待っている子どもではなく、
自分から主体的に教えを求める子どもたちを育てたいからです。「遠慮する
ことはない。どんどん聞きまくろう。きみたちの質問が、『わかったつもり』
を『わかった』に変えることにもなるんだ」と声をかけます。

蒙古襲来絵詞（宮内庁三の丸尚蔵館・蔵）

　一方、教え役になっている子どもたちには、「ただ、自分のやり方をべらべらしゃべるんじゃなくて、相手がどこで何につまづいているのか探りながら説明しよう」と声をかけます。

　社会科では、しばしば絵画資料を取り上げます。鎌倉時代の元寇の学習で用いられる「蒙古襲来絵詞」もその1つです。よくあるのは、「これを見て、何かわかったことがある人？」とか「この絵からどんなことがわかりますか？」と、子どもたちに問うことです。もちろんそういう「わかること」を問うこともいいのですが、「わからない」のイメージをプラスに変えたいという目的があるなら、「この絵を見てわからないことを見つけた人？」と問いかけたり、「この絵を見てわからないことを5つ見つけよう」などと課題を与えることも必要です。

　「わからない」が大切にされる授業のよさを具体的にイメージさせたいのなら、子どもたちにそういう授業風景を撮影した映像を見せることも有効です。わたしの場合、前年度までに撮りためたたくさんの授業ビデオがあるので、そのなかから「わからない」のよさがよく現れている部分の映像を見せました。手持ちの映像資料がなければ、たとえば「学びの共同体」研究会や、「授業づくり・学校づくりセミナー」などに参加し、「わからない」を大切にした授業に取り組む教師と人間関係をつくり、映像を撮影させてもらったり、映像資料を借りたりするなどしてもいいでしょう。

　「わからないの達人」の取り組みをスタートさせたら、それを常に意識さ

せることです。一日1回、帰りの会で「わからないの達人」についてふり返るのもいいですし、学期の終わりに、「わからないの達人」の8項目について、子どもたちに達成度を自己評価させるのもいいでしょう。

　「わからない」に対してプラスイメージを育てておくことは、「主体的・対話的で深い学び」を実現するための大きな力となります。

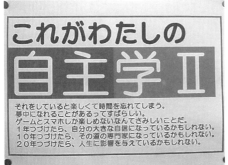

それをしていると楽しくて時間を忘れてしまう。
夢中になれることがあるってすばらしい。
ゲームとスマホしか楽しめないなんてさみしいことだ。
１年つづけたら、自分の大きな自信になっているかもしれない。
１０年つづけたら、その道の専門家になっているかもしれない。
２０年つづけたら、人生に影響を与えているかもしれない。

実践・7

「自主学習」の取り組み

● 「主体的な学び」のある家庭学習

「家庭学習」を考える

　退職する数年前から、これまでわたしが子どもたちに課してきた家庭学習について、「これでよかったのだろうか」と考えるようになりました。とくに、教育現場が全国学力テストの結果（点数）に過敏になり、「学力向上」という言葉が幅をきかせるようになってから強く意識するようになりました。

　「学力向上」に熱心に取り組んできたある学校では、下校時刻前にミニテスト（ドリル）を繰り返し、校内に地図記号が掲示され、連日計算ドリル的な宿題に取り組ませていました。学力テストの結果をもとに子どもたちが苦手と判断された問題を練習させるなど、「学力向上」対策にまじめに関わろうとすればするほど、それが子どもたちを幸せにするとは思えなくなりました。

　そういう学校現場に身を置きながら、わたしは子どもたちの「勉強」に対する考え方を変えようと考えました。多くの保護者や教師は、「勉強」に一生懸命に取り組ませようとしますが、わたしは、子どもたちが夢中になって取り組むことを「勉強」にしてしまおうと考えたのです。

　もちろん、公立学校の教師である以上、国語や算数、社会といった授業時

間に「何でも好きなことをやっていい」と言うわけにはいきません。そこで目をつけたのが家庭学習（宿題）です。

　宿題という言葉には「必ずしなければいけない」「忘れると先生に叱られる」といったイメージがつきまといます。宿題を忘れたからといって、バケツを持って廊下に立たされるという昭和のマンガのような世界はなくなりましたが、令和の学校でも、宿題忘れが続けば教師による指導があるでしょう。実際にわたし自身も、宿題忘れに取り組む教師でした。そうした宿題や勉強のイメージを変えたいと考えて取り組んだのが「自主学習1」「自主学習2」の実践です（以下、「自主学1」「自主学2」と記します）。

家庭学習としての「宿題」と「自主学1」

　わたしは、家庭学習を「宿題」「自主学1」「自主学2」の3つに分け、子どもたちに課すことにしました。

　「宿題」は、一般的に考えられる宿題です。子どもに「必ずする」（忘れない）ことを求める家庭学習です。わたしが子どもたちに課した「宿題」は、「教科書読み」（第3章実践11参照）と「教科日記」（第3章実践12参照）、そして教科書や問題集を使った算数の練習問題などです。

　第3章で詳しく取り上げますが、「教科書読み」は、授業の質を高めるために必要であり、「教科日記」は、その日の学びをふり返り、学んだことを自分の言葉で表現するために必要であると考えて取り組ませました。算数の練習問題などは、学んだことを習熟させるためのものです。量的には少なくし子どもたちに取り組ませました。

　それに対して「自主学1」と「自主学2」は、「やった方がいいもの」として子どもたちに取り組ませました。

　「自主学1」について、子どもたちに説明したのは以下の2つです。

【自主学1とは】
　(1) 学校で学んだことを確かなものにするための学習

(2)　学校で学んだことを深めるための学習

「学校で学んだことを確かなものにするための学習」の具体例として、

【学んだことを確かなものにするための学習】
(1)　テストでできなかったところをできるようにしておく。
(2)　計算が苦手だと思ったら、計算問題を早く正確に美しく解く自信が
　　つくまで練習する。
(3)　漢字テストで書けるように自信が持てるまで練習する。

などを紹介しました。

　子どもたち自身が必要だと感じて取り組むのが「自主学1」です。取り組めばほめますが、取り組まなくても叱ることはしません。

　あたりまえのことですが、36人の子どもたちは1人ひとり違います。そんな子どもたちに、「計算練習を3回やってくる」「教科書を5回読んでくる」などと同じ宿題を出すことに、それほど教育的な意味があるとは思えません。みんな違うのだから、それぞれの力に応じた練習に取り組ませればいいわけです。

　「自主学1」に取り組ませるためには、子どもたちに、今の自分の力がわかり、何にどれだけ取り組む必要があるか考え実行する力を育てなければなりません。学んだことを定着させるだけでなく、そういう態度を子どもたちに育てることも「自主学1」の目的です。

　「自主学習」とは言っても、子どもたちに家庭学習を丸投げするわけではありません。指導すべきことは指導します。自分で行動できない子どもたちや、家庭から希望があった場合には、たとえば、「3回以上やってみたら？」とか、「とにかく10分間計算練習をしよう」など、個に応じたアドバイスをします。また、十分に力が備わっている子どもたちには、「やる必要はない」と指導したり、学校で購入した問題集などを使わずに、自分が使っている問題集などを使うこともアドバイスします。

【学んだことを深めるための学習】

(1) 「学校で学んだことを深めるための学習」とは、教科書の内容をさらに深める内容や、教科書のレベルよりさらに高いレベルの内容に取り組む学習です。たとえば、算数であれば、中学校の入試問題に取り組むような学習です。国語であれば、宮沢賢治の『やまなし』を学んでいる時に、宮沢賢治の他の作品を読むというのも「自主学1」になります。歴史で学んだ縄文土器についてネットで情報を収集することや、土日に近くの博物館に行き、縄文土器を見てくることも「自主学1」になります。

　ネット上の教育関連の動画を視聴することも勧めました。NHK for schoolでは、多くの教科の動画が蓄積されており、子どもたちはタブレット端末で視聴ができます。その他にも、PCやスマホで、ポイントを絞った算数や国語などの授業動画を簡単に見ることができます。そういったものを積極的に視聴するように指導しました。

　「学校で学んだことを確かなものにするための学習」がこれまでの宿題に近い内容であるのに対して、「学校で学んだことを深める学習」は、以下に紹介する「自主学2」の内容と重なってきます。

家庭学習としての「自主学2」

「自主学2」について、子どもたちには、以下のように話します。

【自主学2とは】

(1) それをしているとおもしろくて時間がたつのを忘れてしまう学習

(2) 教科の学習では学べないたくさんのことが学べる学習

(3) 10年後の自分の自信につながる学習。20年後の自分の宝物になっている学習

　当然ながら、これだけでは、子どもたちも保護者も具体的なイメージをつかめません。そこで、どんなことをすればいいのか具体的に紹介します。

　2021年度の6年生には、ゴールデンウイーク前と夏休み前に、「自主学2」の具体例を示しました。夏休み前には、以下の27の「自主学2」を紹介しました。

【6年生の自主学習2】

1. テレビ番組を観よう
2. ニュースや報道系の番組を毎日観よう
3. 新聞を読もう・新聞スクラップ帳を作ろう
4. ゲームについて考える
5. 地域を探検しよう
6. 野菜や花を育てよう
7. 山を歩こう
8. 川で遊ぼう
9. 自動車好きなきみへ
10. マンガを読もう・マンガを描こう・マンガ誌を発行しよう
11. 絵を描こう・イラストを描こう
12. キャンプをしよう：「ゆるキャン」を観るのも自主学2
13. ホンモノに出会う：博物館・美術館など
14. 映画を観よう
15. 音楽に親しもう：聴く・歌う・演奏する・つくる
16. 写真を撮ろう・写真集をつくろう
17. 料理をしよう
18. クラフトを楽しもう
19. 修学旅行で行く所について調べよう
20. まんざい・落語をつくって演じよう

21.　創作ダンスに挑戦しよう

22.　ビデオ映画を撮ろう

23.　「こだわり読書」をしてみよう

24.　運動をしよう

25.　身近な人から話を聴こう

26.　わが家の「お盆」のことを調査しよう

27.　自分で考えて、家族で考えて自主学習にしてしまう

なぜ、「キャンプ」が家庭学習になるのか

　子どもたちに「自主学2」について説明をする最初はゴールデンウイークの前です。

　学活の時間を1時間とって、「自主学2」についてていねいに指導します。

　「キャンプが家庭学習になるんですか？」という子どもたちの言葉には「キャンプは勉強じゃないのでは」という戸惑いが含まれています。これは子どもたちだけでなく、ほとんどの保護者も同じです。8には「川で遊ぼう」と書いてあるのですから、それまで持ち続けていた「家庭学習」のイメージを大きく突き崩すことになります。

　項目をあげるだけでは、それがなぜ「学習」になるのか、子どもたちや保護者には伝わりません。そこで、資料のなかで、1〜27の項目1つひとつについて、具体的に内容を紹介します。

　子どもたちに配布した資料からいくつか紹介しましょう。この資料は2021年度の夏休み前に作成したものです。ゴールデンウィーク前に作成した「自主学2」の資料をアップグレードしたものです。紹介の文章のなかに、個人名（実際の資料は実名）とその内容が出てきますが、それはゴールデンウィークで実際に子どもたちが取り組んだ「自主学2」の事や、家庭訪問で聞いた話をもとにしています。また、実際に子どもたちに配った資料には、写真を多用しています。

5. 地域を探検しよう

　身近な地域を歩いて何かにまとめてみる。6年生では、すでに夢さん、直子さん、瑠衣くん、空くんがやっている。観光客になったつもりで、写真家になったつもりで地域を歩いてみよう。ふだん気がつかなかった草花を発見するかもしれない。古いお寺や神社・お城・道祖神（どうそじん）などの石造物に出会うかもしれない。身近な地域を歩いて、たくさんの「これ、いいなあ」「きれいだなあ」「歴史を感じるなあ」「おもしろいなあ」などに出会ってみよう。そして、写真とともに記録しておこう。

12. キャンプをしよう：「ゆるキャン」を観るのも自主学2

　6年生では、賢人くんや明美さんがキャンプの楽しさを知っているようだ。

　キャンプではたくさんのことを学ぶことができる。カレーライスをはじめ、料理を作るのは立派な自主学2だ。山歩きをしたり川遊びや魚釣りなどをしたらそれも自主学2。まだある。火をおこしたり、テントをはったり、夜になって火を見ながらお話ししたり…、全部自主学2。家に帰ってから楽しいキャンプの「ミニ旅行記」を作ったり、思い出を絵にしたり、作文に書いたりするのも自主学2。ただ連れて行ってもらうのでなく、活動に積極的に参加することが大切なんだ。親に全部やってもらい、その間ゲームばかり……これでは自主学2にはならないね。

　もちろん、キャンプにでかけなくても、家の庭でテントをはったり、キャンプ用品を使ってみたりするのも自主学2。これだけでもキャンプ気分は味わえるね。『ゆるキャン』を観るのもいいし、『ゆるキャン』イベントに参加するのも自主学2。家族とキャンプ用品の店を歩くのも、キャンプについて話をするのも自主学2。キャン

プで学ぼう！

13.　ホンモノに出会う：博物館・美術館など

　新型コロナの影響で難しいかもしれないけど、博物館や歴史資料館・美術館に連れて行ってもらおう。お城やお寺、神社などに行くのもいい。縄文土器や土偶、前方後円墳など、歴史で学んだホンモノを見に行くのもおもしろいぞ。

　山梨県立博物館や山梨県立考古博物館、釈迦堂遺跡博物館などの博物館や資料館がある。ただ見るだけでなく、夏休みにはおもしろそうな企画もあるので参加するのも楽しい。

　博物館の楽しみ方は、そこで働く学芸員さんと親しくなることだ。顔と名前を覚えてもらうくらいになると、より専門的なことを教えてもらったり、大きくなってアルバイトに誘ってもらったりすることがある。遠くに行かなくても、身延町でも歴史のホンモノに出会うことができる。金山博物館も武田信玄や金山のことが学べる全国に自慢できる博物館だ。金山博物館にいる伊藤佳世さん（学芸員）は、みんなにとって「学び合う教室」の先輩だ。彼女は小学4年生の頃から歴史が好きで、夏休みに山梨県の武田信玄ゆかりのお寺をたくさん歩いていた。行ったら声をかけてみよう。

14.　映画を観よう

　映画は多くの人たちが力をあわせてつくる芸術作品だ。ジブリ作品やディズニー映画など、観たことがある映画もいくつかあるだろう。映画は映画館で観るのが最高だけど、家でDVDを観ることもできる。小学校5年生くらいから、映画記録（いつ、どんな映画を観たか題名を記録しておく）を始めるのもいい。昨年の6年生で映画を自主学2にしていたのは、横田愛歌さんだった。観た映画は100本を超えていたかもしれない。日本の映画だけでなく外国の映

画もよく見ていたし昔の映画も観ていた。

　6年生にも和実さんや純星くんをはじめ、映画好きが何人かいる。映画でステキな自主学をしてほしい。映画ノートを作ったり、家族と映画について話をする時間も自主学2だよ。

　1から27すべての項目で子どもたちと保護者たちに伝えたかったのは、どんなことからでも「学ぶ」ことができるということです。何気なく行っていたこと、たとえば、マンガを読むことや手伝いで畑の仕事をしたことでも、そこではたくさんのことを「学ぶ」ことができることを意識させたいと考えました。

「自主学2」のルーツ

　「自主学2」の考えのルーツは、今から20年近く前の「カイコ」の実践です。教室でカイコ（蚕）を飼育するなど、1年以上も蚕と養蚕について学んだ総合的な学習の実践です。子どもたちはカイコに夢中になって「学び」を続けました。

　子どもたちは、カイコの生物的な特徴や、生命の連続、人間が生きるために命を奪うということ、飼育の工夫や技術、人間の力を超える大きな力にすがろうとする先人たちの心、地域の産業の歴史、歴史のなかで生きてきた地域の人々の姿、全国につながるカイコの世界、カイコに関連する石造物、伝説、造形、物語の作成……など、夢中になって学びました（この実践については、佐藤学『教師花伝書』小学館、2009年を参照）。

　夢中になる子どもたちは豊かな「学び」を手に入れます。この26項目の1つひとつの文章に、子どもたちが夢中になる世界に出会ってほしいという願いを込めました。

ゲームも「家庭学習」になるのですか？

　「自主学2」で、子どもたちにも保護者にも1番大きな話題になったのが

「ゲーム」です。子どもたちに「ゲームでも何でも自主学習になる」と話したことが、「先生はゲームをするのも自主学習だと言ってた」となって広がりました。

　当時担任したクラスでは、数年前から「ゲーム」に関連する体調不良や子ども間のトラブルが問題となっていました。そんななかで「ゲーム」を放任するわけにはいきません。しかし、「ゲーム」からも学べることはあるはずです。そこで、以下のような内容を子どもたちに提示し、保護者との懇談会でも話題にしました。

4.　ゲームについて考える

　松川くんのように土日にしかゲームをしなくなった人もいれば、あいかわらずゲームが原因でおこるトラブルがあり、テスト前日にゲームをやってしまうような人もいる。動画が原因で寝不足の人もいるらしい。ゲーム中毒や動画中毒について、これからも考えることは大切だ。自主学2で、ゲームについて考えよう。

① ゲーム（××など※資料では実際のゲーム名が入ります）のおもしろさなどについて作文を書く（1枚～2枚）。
② ゲームの楽しさを伝えるためにポスターをかく。
③「ゲームとの正しいつきあい方10か条」を考えポスターをかく。
④ ゲーム中心の生活になってしまうことで起こる心の病気や健康の問題について作文に書く（1～2枚）。
⑤ ゲームがきっかけで起きてしまった「いじめ」「仲間とのトラブル」などの体験を作文に書く（1～2枚）。
⑥ ××が原因で起きてしまった事件について、ネットや本などで調べ作文に書く（1～2枚）。
⑦ ゲーム中心の生活が原因でおきてしまう、「勉強ができない」「学校へ行きたくない」「すぐキレる」「親に対して乱暴な口をき

128

く」などの問題について作文に書く（1〜2枚）。

⑧ ゲームについて、楽しいところや問題点を、友だちにインタビューして作文に書く（1〜2枚）。または自由研究をする。

⑨ 子どもの頃にゲームとのつきあい方で失敗して、大人になっても普通の生活が送れなくて苦しいおもいをしている人の物語を書く。

⑩ ゲームをやっていたことで、大金持ちになり幸せな暮らしをしている人の物語を書く。

⑪「ゲーム新聞」をつくってみんなに配る（印刷は先生がする）。

⑫ なぜ「ゲームをしなくなったのか」作文に書く（1〜2枚）。

　これには、子どもたちも保護者も「苦笑い」でした。嬉しかったのは、ゲームのやり過ぎや、ゲームでのトラブルを経験した子どもたちの何人かが、いくつかの作文を書いてきたことです。作文用紙1枚から2枚というのがよかったかもしれません。ゲームの楽しさについて書いていたり、ゲームがきっかけでどんなトラブルがあったか、自分の体験を書いたりしました。本人の了解をえて、みんなに紹介しました。

　今、改めて「4. ゲームについて考える」を読み返してみると、「ゲーム」の問題状況を改善したいというメッセージが強く伝わってきます。これは、わたしに「ゲーム」の素晴らしさを語る力がなかったことが原因です。ゲームクリエイターやゲームプレーヤーなど、ゲームの最前線で活躍している人ならば、子どもたちを日本の「ゲーム」文化の世界の素晴らしさに出会わせ、そこでの「学び」の可能性を広げる言葉で語れたかもしれません。

「自主学習」中心の家庭学習を子どもたちはどう受け止めたか

　「自主学習」中心の家庭学習を子どもたちはどう受け止めたのか、2020年度の6年生の声に耳を傾けてみましょう。「自主学習」中心の家庭学習の真価が問われるのは夏休みです。

　この年は、新型コロナの影響で23日間の短い夏休みでしたが、夏休みに
どんな家庭学習をどんなふうに取り組ませるかは、日本中の教師たちが考え
ていたことでしょう。夏休み中の子どもたちの生活に学校が関与しない方向
に時代が動いていますが、完全に関与しなくなるのはまだしばらく先のこと
だと考えます。現在でも、夏休み（冬休みも）を前に、教師たちは「家庭学
習」を工夫しているはずです。

　担任した19人の6年生の子どもたちが、23日の短い夏休みに、どのよう
に家庭学習に取り組んだか紹介します。

　真央は、「自主学」中心の家庭学習について、次のように書いています。

> 　私は宿題が少なかった分、自主学にたくさん取り組めたのでよか
> ったです。今までの夏休みが宿題がたくさん出て、出来る計算を何
> 回もやっていたりして、少しむだがあったと思います。でも「自主
> 学」中心なら、自分に必要な勉強だけを、自分で考えてできるの
> で、むだがありませんでした。そして、自主学2にもたくさん取り
> 組めたので、とても楽しかったです。私は、漢字がかなりできてい
> たので、算数の5年生の復習を中心にやっていました。「自主学」
> 中心なら、できるところを勉強するのではなく、できないところを
> 勉強することもできたのでとてもよいと思います。また、いつもな
> ら「宿題‼　宿題‼」とあせっていたけど、今年はよゆうができて
> 色々な事に挑戦できたので「自主学」中心はいいと思いました。

　真央は23日の夏休みに、宿題にかけた合計時間が230分、「自主学1」に
かけたのが2055分、「自主学2」にかけたのが5090分でした。5090分は、家
庭学習時間を記録した子どもたちのなかではもっとも長い時間です。ちなみ
に「自主学2」にかけた時間が5000分台は2人、4000分台が2人、3000分台
は6人でした。1000分に満たない子どもも2人いましたが、その子どもたち
も、読書や料理、体力づくり、イラスト、野球の練習などの自主学に取り組

んでいました。

　真央が、どんな「自主学2」に取り組んだか、4つだけ書いてもらいました。

---

① 映画を23本観ました。ジブリとか外国の「ターミネーター」とか、コメディなど、さまざまな種類を観ました。

② 絵はがきを10枚以上かきました。夏のスイカやかき氷を水彩絵の具で描いたりして意外とキレイにできて楽しかったです。

③ 映画ノートを書きました。今はまだ10ページぐらいだけど、その作品の詳細とかを書いて楽しいです。

④ 料理をしました。10品近く、ポテトサラダやオムライス、チョコバナナなどを作りました。

真央は、6年生の夏休みを次のようにふり返っています。

　私は、宿題が少ない分、自分に必要な自主学1をやったら、あとは自主学2にたくさん取り組むという充実した生活を送っていました。自分の観たかった「コンフィデンスマンJP」などの映画も観れたし、外出はあまりできないけど、とっても楽しかったです。自主学2を5090分やっていて、本当にたくさんの事に長い時間、取り組むことができたので、とてもよい夏休みだったと思います。

　涼香は23日の夏休み中、宿題に540分、「自主学1」に3710分、「自主学2」に4490分取り組みました。「自主学2」では、次のようなことに取り組みました。

---

① ニュースを観ました（23日間）。ニュースを観て、毎日の情報を知ることができました。

② 読書をしました（22日間）。1日30分くらいの読書をしました。

③「なる」（ペットのインコのこと）の観察をしました（5日間）。1日約30分〜40分くらい観察しました。

④ 料理をしました（5日間）。お母さんの手伝いも含めて色々な料理を作ることができた。

　以上の4つの他に、5年生の時から続けている庭に来る野鳥の観察にも取り組んでいた涼香は、次のように夏休みをふり返っています。

　　私はこの夏休みもとても充実した休みにする事ができました。宿題は最初の方で終わらせて、残りの日は自主学ができました。自主学1では自分が苦手な算数を中心にできました。自主学2では、特別自主学のバードウォッチングを中心に、色々な自主学に取り組めました。特別自主学は、鳥の写真をとったり、新しい鳥も発見できました。他にも「なる」*の観察や料理などに夢中になれたのでよかったと思います。（＊「なる」はペットのいんこの名前）

他の子どもたちが取り組んだ「自主学2」の内容をいくつか紹介します。

• マンガを読みました。35冊。「ちはやぶる」や「ゆるキャン」などを読みました。コナンなども。
• 本を読みました。11冊。「ビターステップ」や「かがみの孤城」「青いスタートライン」など、分厚い物語を読みました。楽器も。
• 小説（原こう用紙4枚半の小説、「赤い霧異変」、1作品）
• 読書（小説、物語、文庫本、科学読み物など25冊を読んだ）
• お盆の手伝い（きゅうり馬なす牛作り、おくり火、むかえ火をたいたりした）
• 川遊びに2回行きました。下部の川と、塩ノ沢の川に行きました。

- 魚を図鑑とインターネットで調べました（11種類調べた）。合計57種。
- 桜井のお墓にお墓参りをする時についていった。ご先祖さまの名前などを知れておもしろかった。
- 家で習字を書きました。200枚以上練習しました。
- 韓国のことについて…音楽や言葉を本などで勉強しました。1910分勉強しました。
- 読書…借りてきた本だけでなく、学童の本なども読みました。32冊読みました。
- マット運動をしました。側転ロンダート前向きロンダートハンドスプリングの練習をしました。
- 歴史人物を覚えるのを600分しました。20人覚えて、特に青木こんようという人が、さつまいものさいばいをした人で、そんな人がいるんだと思い、印象に残りました。

　新型コロナの影響で、5年生の夏休みの「自主学2」にあったような、家族旅行の経験を生かしたものや、地域のお祭りに参加したり、地域主催の行事に参加したりしたことを生かしたものもほとんどありませんでした。

　新型コロナで23日に短縮された特別な夏休みでの「自主学習」の取り組みでしたが、宿題を少なくして、「自主学習」を中心にした家庭学習の取り組みを、子どもたちがどう受け止めていたのか、2人の子どもたちが次のようにふり返っています。

　　ぼくは、この夏休み、「自分のためにやる‼」と思って自主学中心の家庭学習に取り組みました。苦手な人口密度や割合をプリントで復習できました。また、分数の計算50問テスト練習で、1学期の終わりのころよりもタイムをちぢめることができました。自主学2では、クラシックを聴くことをして、だいたい14曲くらい聴けまし

た。ぼくは自分のオススメの曲もできました。また、どういう時に
どんな曲を聴けばいいのかということもだんだんわかってきたと思
います。ぼくは、自主学中心の家庭学習をしても大丈夫だと思いま
した。ぼくはこれからもクラシックをたくさん聴いて、自分のオス
スメの曲をもっと見つけたいなと思いました。　　　　　〔智宏〕

　私は自主学習中心の家庭学習は、自分の自主学への積極せいが高
まっていいと思います。自主学1は、自分の苦手なことの漢字や英語
練習ができます。また、プリントをくばってもらえば、それが5年生
のなら5年生のふくしゅうができます。それを自分からやる自主学に
すれば、ペラペラと見てみて「ここ苦手かも」と思ったらできま
す。できるものをやっても力はつかないと思います。宿題にしたら
自分がとくいなところもやらないといけません。積極性も高まると
思います。「やらなくてもいいや」と思ってしまった人もいるかも
しれませんが、私はそんな風に思わずできました。終わった問題集
もありました。だから、私は、「自主学」中心の家庭学習は、積極
性が高まるし、苦手なところもできていいと思います。〔香織〕

「自主学習」中心の家庭学習のこれから

　わたしが育てたいのは、夢中になって家庭学習に取り組む学ぶ子どもたち
です。いやいや取り組んだり、先生に叱られるのが嫌で取り組んだりするの
ではなく、面白いから・やりたいから取り組む家庭学習です。

　家庭学習について学校は何も口出ししない、家庭学習をするかしないかは
自分で決めればいいと、すべてを子どもたちと家庭に委ねるという考えもあ
るでしょうが、わたし自身は、そこまで冒険はしませんでした。家庭学習を
子どもたちに丸投げするのではなく、家庭学習に夢中になって取り組む子ど
もたちを育てたいと考えたからです。

　具体的には、「自主学1」にかんしては、何をどれだけしたらいいのかを考える子どもたちを育てたいと考えました。そういう力が育ってくれば「今日勉強した計算のやり方を、自信がつくまで練習しよう」「しっかり読めるように練習してこよう」と言うだけで、子どもたちは家庭学習に取り組みます。「計算練習を3回やってきなさい」「教科書を5回読んできなさい」という宿題はなくなっていくでしょう。「宿題」という強制されることを意識するような家庭学習が必要でなくなることをめざします。

　「子どもは強制させなければ勉強しない」という考えをお持ちの方はいるでしょう。たしかにできる子どもは、自主学習に取り組むだけでなく、進学塾に行ったり、ネット上で公開されている問題や授業動画などを使って主体的に取り組むでしょうが、そういう子どもたちは一部です。多くの子どもたちは、「宿題」ということで強制的に練習させなければ、計算や漢字の力をつけることができないという考えは、多くの教師や保護者が持っています。

　わたし自身もかつては、宿題で強制的に勉強させなければ力をつけることはできないと考える教師の1人でした。そして、あれこれ宿題の出し方を工夫し、忘れた子どもがいれば叱り、忘れた原因を考えさせたりしてきました。しかし、そういう指導で、子どもたちに算数や国語の力をつけることできたかと問われても、自信をもって「できた」と答えることはできません。翌日の漢字や計算テストで、正解を出せる力はついたのかもしれませんが、それが子どもたちの国語の「力」や算数の「力」であったかどうかはわかりません。

　それより、宿題をやらなくて家族に叱られる経験を子どもたちにさせたことや、宿題をやってないことで学校に行くことを嫌がる子どもたちを生んだことは確かです。宿題はあってあたりまえ、忘れたら叱られるのがあたりまえだった昭和時代の子どもたちに通じた教育も、そのままでは現代の子どもたちには通じません。宿題を提出できない苦しさから学校に行くことができない子どもを生み出すわけにはいきません。

　そういう経験から生まれたのが「自主学習」中心の家庭学習の実践です。

これまで宿題として強制的に練習させていた漢字練習や計算練習などは、テスト結果などをもとに、どれだけの「力」がついているのかを子どもたちに示します。そして、「力」を伸ばすためにはどんな練習をどれだけすればいいか、子どもたちに応じたアドバイスまではします。それを「する」か「しない」かは子どもたちに決めさせます。

「自主学2」は、これからの「家庭学習」の中心にしたいと考えます。「自主学2」の実践は、「やれ」と言われたことをこなす子どもではなく、「やりたい」ことを自分で見つけ、それに主体的に取り組む子どもたちをめざします。

映画を観るのもいいし作るのもいい。マンガを読むのも描くのもいい。けん玉をするのもいいし、音楽を聴くのもいい。ダンスをするのもキャンプをするのも、すべて「自主学習」として認めるのです。これを家庭学習として学校現場で実践することは簡単ではありません。子どもたちは戸惑いながらも受け入れてくれますが、保護者たちにわかってもらうには、ていねいな説明が必要です。

保護者たちの多くは、家庭学習は予習や復習など、教科に関する学習と考えているので、いきなり「自分の夢中になれるものなら何でも自主学習」と言われても、すぐには受け入れてくれることはないでしょう。「ちゃんとした宿題を出して欲しい」という要望もあるかもしれません。強制的に取り組ませなければ子どもたちは家庭学習をしないという考えは教師にもあります。

そういうなかでも、「自主学2」の実践に挑戦する若い教師たちが現れることをわたしは期待しています。

「自主学2」の取り組みをスタートさせましょう

わたしが取り組んだような「自主学2」に取り組むとしたら、ポイントは3つあります。1つめは取り組み開始の時期、2つめは子どもたちと保護者へのていねいな説明、3つめは「自主学2」の取り組み状況の共有です。

「自主学2」の取り組みスタート時期は、GW前がいいと思います。5日間、

136

6日間という連休に、プリントやタブレット端末を利用したドリル練習に取り組んできたのを、思い切って「自主学2」に切り替えてみるのです（「自主学1」と両方取り組むのもいいでしょう）。年度スタート期は他にも新しい取り組みが重なるので、わたしは、しばらく置いたGW前から取り組むことにしていました。GWにどっさりと宿題が出されるのではないかという子どもたちの予想を裏切る「自主学2」が、子どもたちを「おもしろそうだ……」「こんなことをやってみたい……」と、やる気にさせるでしょう。GWまでに準備が整わなければ、夏休み前からスタートさせるといいでしょう。

　実践をスタートさせるにあたっては、「自主学2」について、子どもたちと保護者へのていねいな説明が必要です。また、すべての家庭学習を「自主学2」に替えてしまうことはお勧めできません。「自主学2」の考えにすぐに賛同してくれるような保護者は1～2割ほどでしょう。夢中になることに取り組ませたいと、「自主学2」の目的に賛同してくださる保護者もいますが、はじめから学校の宿題に多くを期待せず、塾の宿題の時間を確保するために、できるだけ学校の宿題を少なくしてほしい（自由にしてほしい）と願う保護者もいます。

　残りの8割近い保護者の多くは、不安を感じます。「勉強についていけなくなるのではないか……」「復習をしっかりさせないと、勉強したことを忘れてしまうのではないか……」という不安は、保護者だけでなく教師自身も抱くかもしれません。宿題が負担で登校をしぶる子どもの保護者や、家庭と連携して宿題の取り組みをしてきた保護者のなかにも、同じような不安を感じる人がいると思います。

　このような理由で、最初に取り組む時は、それまで取り組んできた宿題と共に「自主学2」に取り組むことがいいでしょう。それぞれの教室の実態にもよりますが、わたしの場合は、いわゆる宿題が2、教科に関する「自主学1」が2、なんでもありの「自主学2」が6の割合で取り組ませるイメージで宿題を厳選・工夫しました。また、学習面で特に指導が必要だと感じる子ど

もたちは、家庭と話をしながら個別の宿題を課しました。

　初めて「自主学2」に取り組むのですから、友だちがどんなことをしているのか、取り組み状況を知る機会を設けることで、子どもたちの「自主学2」に対する意欲は高まります。教室での日常的な会話のなかで「自主学2」を取り上げることはもちろん、GW開けや夏休み明けの学級通信などで「自主学2」について取り上げました。

　たとえば、2021年度の6年生では、GW開けに発行した学級通信「紙ひこうき」のなかで、次のように「自主学2」について取り上げました。

　　　子どもたちはGWをどんなふうに過ごしたでしょうか。

　　　教科の学習を中心とした自主学習1は、平均すると1日あたり78分取り組んでいました。夏休みには倍にしたいものです。

　　　自主学習2に取り組んだ時間は、5日間で1人あたり328分でした。夢中になる経験が不足していたのか、まだまだ少ない気がします。瑠璃さんと優希さん（写真）は、身近な花を撮影して、それにコメントを加えたアルバムを2冊つくっていました（ちなみに、2人が自主学2に取り組んだ時間は855分でした）。菜奈さんは、西島地区の神社やお寺の写真をとり、コメントとともにスケッチブックに整理していました。ホンモノの歴史や文化財にふれることができるステキな自主学2です。観た映画の記録を作成していたのは山野くんです。インディージョーンズを観た記録には、自分の感想が書いてありました。継続は力なり！　今後が楽しみです。他にも、お茶つみを体験した遙香さん、歴史関係の本を読んで家族と問題を出し合った有美さんなど、多くの子どもたちが、新型コロナのなかでも充実した時間を過ごしていたようです。

　　　　　　　　　（2021年5月7日発行 学級通信「紙ひこうき」より）

　2020年度の6年生は、新型コロナで長期休校となったため、GW前ではな

138

く夏休みに「自主学習」に取り組みました。短い夏休みでしたが、夏休み明けの学級通信で、「自主学習」について取り上げました。

【「自主学習」中心の夏休みを、子どもたちはどんなふうにおくったか】

今年の夏休みは、自主学習を中心とした家庭学習に取り組ませました。ストレスをかけない家庭学習の取り組みで、子どもたちはどんな姿を見せたのか、子どもたちの声を紹介します。

　ぼくは、夏休みに、ふだん行かない下部の川とかに行きました。おぼれることもなく楽しかったです。ぼくは、宿題にしばられずに、自分のやりたいこととかを、自主学でけっこうできたのでよかったです。映画でも、ふだん野球のは見ないけど、『ルーキーズ』とかを見て、おもしろかったです。読書で、『鬼滅の刃』を全かん読んでみたり、すごく楽しかったです。次は小説とか、あまり読まないのを読んでみたいです。　　　　　　　　　　　　　　〔颯人〕

　「自主学2」を楽しんでいた2人ですが、2人とも1日平均90分以上の勉強（宿題＋自主学1）にもしっかり取り組んでいました。さすが6年生です。裏面にも、子どもたちの声を紹介します。

　私は、宿題が前より少なかったので、「自主学1」と「自主学2」がたくさんできました。宿題がないぶん、自主学ができます。英検の勉強は、ふだんあまりできなかったので、夏休みにできてよかったです。中学生になると宿題があまりなくて、テスト勉強も自分でします。あと1年もないから、中学生になる前に、中学校に似た勉強ができました。だから、こういうような勉強はいいと思いました。「自主学2」でいろいろなことに取り組めたのでよかってで

す。　　　　　　　　　　　　　　　　　　　　　　　〔夏希〕

> およそ半年後に始まる中学校生活を視野に入れているところがステキです。夏希さんが、宿題と「自主学1」にかけた時間は一日平均158分です。今年の夏休み、中学生はどれくらい勉強していただろうと、「学び合う教室」を巣立った子どもたちの顔を思い浮かべました。　　　（2020年9月4日発行 学級通信「紙ひこうき」より）

　この他にも、「学びのWALL」に、子どもたちの「自主学2」の成果を掲示するなど、子どもたちが仲間の取り組みに出会うことができる場を設けました（第1章実践2）。

　ここで大切なのは、子どもたち自身に自分の「自主学2」についてふり返る機会を持つことです。

「自主学2」で身の回りの草花の
写真アルバムを作る

GWや夏休み明けに、文章でふり返らせるのもいいでしょう。学級通信に掲載したのは、そういう機会に子どもたちが書いたものです。

　ICT機器を利用することで、「自主学2」の取り組みの成果を作品にすることはもちろん、それを子どもたちや保護者たちと共有するなど、豊かな実践が可能になります。これから取り組まれる若い教師のみなさんには、そんな「自主学2」の実践にも積極的にチャレンジしてほしいと思います。

グループ学習に参加する保護者た
ち

実践・8

保護者の学習参加
● 保護者も子どもたちと一緒に学ぶ教室

「授業参観」から「保護者の学習参加」へ

　ここで紹介するのは「保護者の学習参加」という実践です。上の写真は、3年生の子どもたちが、4人のグループ学習をしている場面です。写真に写っている2人の大人は、3年生の保護者です。

　「もっとわかりやすく説明してくれ。おっちゃんにはよくわからなかった」手前の保護者が、説明をしている子どもに注文します。

　保護者は、子どもたちの学習を参観しているのではなく、子どもたちの学習に参加しているのです。このような教育実践を「保護者の学習参加」といい、佐藤学先生の「学びの共同体」の考えを取り入れた教室で意欲的に取り組まれています。ちなみに、この写真に写る2人の保護者の子どもたちは、それぞれ別のグループで学んでいます。

　わたしは、教室を子どもたちや教師が学ぶだけではなく、保護者や地域の方々、教育に真摯に向き合う学生や研究者たちと共に学ぶ場所にしたいと考えています。そういう教室をめざす実践の1つが「保護者の学習参加」なのです。

　保護者が学校に訪れる機会として誰もがイメージするのは、以下のような

「授業参観」の風景でしょう。

▶1年に1回か2回、決められた日に学校に行き、決められた授業を参観する。

▶保護者は教室の後ろに立って並び、わが子の姿を見ている。

▶教師がどんな話をし、それに対してわが子がどんな反応をするか見ている。

学校によっては、参観日を1日に限定したり参観授業を1つに限定したりするのではなく、1週間の参観期間を設けて、その期間内の授業をすべて参観可能にしていることもあります。いずれにしても、保護者が教室の後ろに立ち並び、授業を参観するというスタイルは同じです。保護者に「いつでも学校に来てください」と伝えている学校もありますが、実際に保護者が気軽に学校を訪問する状況にある学校は多くはありません。

「学びの共同体」理論との出会い

学校現場に定着している「授業参観」スタイルや、保護者と学校（教室）との関係を大きく変えようと考えるようになったきっかけは、佐藤学先生の「学びの共同体」理論との出会いです。

佐藤先生は、「保護者の学習参加」について、次のように述べています。

「学びの共同体」としての学校は、子どもが学び育ち合う場所であるだけでなく、教師も専門家として学び育ち合う場所であり、親や市民も学び育ち合う場所である。「学びの共同体」を標榜する浜之郷小学校は、開校当初から、親と連帯して学校づくりを推進してきた。その中核的な取り組みが「学習参加」である。浜之郷小学校では、親や市民が教室の後方から子どもの姿を観察する「授業参観」を「学習参加」に変えている。親や市民も教師や子どもと共に

教室の中に入り、教師と協同して授業を創造し、子どもと協同して学び合うのである。教師も親もとまどいがちに開始された「学習参加」であったが、2年目にはどの教室にもしっかり定着し、毎回6、7割の保護者が参加している。1つの教室に、お母さんに抱かれた乳児からお年寄りまでがクラスの子どもたちと交じり合って学ぶ様子は壮観であるが、「学習参加」の教室は、どんなに多くの人数がひしめき合っても、柔らかで穏やかな空気で包まれている。子どもの成果を願って協力し合う連帯が、教室をあたたかく包み込み、子どもの学びを励ましているのである。

「学習参加」は、教師と親との連帯を築くだけでなく、新興住宅地でとかく孤立しがちな親たちの連帯を築く基礎である。さまざまな市民運動が小グループに分化し対立する状況があるにもかかわらず、「学習参加」によって教師と親は協同の活動をとおして連帯し合い、親たちも自主的な協力をとおして連帯を築き合っている。「学習参加」は、教師と親の連帯と学校と地域の連帯のもっとも具体的で強力な推進力である（『学校を創る』21頁）。

「学びの共同体」理論を学ぶことで、これまであたりまえだと思っていた「授業参観」について、次のように考えるようになりました。

▶後ろから見ているより、子どもたちの近くから見た方がいいのでは？
▶見ているのではなく、子どもたちと一緒に活動した方がいいのでは？

こうして「保護者の学習参加」に取り組むようになりました。
「保護者の学習参加」では、保護者は教室の後ろに並んで授業を参観するのではなく、子どもたちのグループに入って椅子に座り、子どもたちと一緒に学びます。グループ学習に参加することで、保護者たちは、子どもたちの「学ぶ」姿を間近で見、肌で感じることになるのです。

「直接学習参加」と「間接学習参加」

　保護者が教室を訪れ授業に関わることは、これまでも行われていました。それらを含め教室と保護者の関わり方を整理すると、以下の5つになります。

　【保護者の学習への参加スタイル】
　　直接学習参加　（1）「ゲストティーチャー型」学習参加
　　　　　　　　　（2）「教師サポート型（授業のサポート）」学習参加
　　　　　　　　　（3）「活動参加型」学習参加
　　間接学習参加　（4）教室美術館に来てもらう
　　　　　　　　　（5）「教科日記」を保護者に読んでもらう

　「直接学習参加」は、保護者に教室に来て授業に参加してもらうスタイルです。
　保護者の関わり方によって3つのスタイルが考えられます。

（1）「ゲストティーチャー型」学習参加

　「ゲストティーチャー型」学習参加は、これまで多くの学校で行われているもので、特に目新しい実践ではありません。子どもたちの保護者のなかには、特別な技術や経験を持っている人がいます。職業に関する専門的な知識や技能を持っている人もいます。そういう特別な技術を披露してもらったり、特別な体験（たとえばヒマラヤ登山、災害体験、ボランティア体験など）や、仕事（救急救命士救・役場観光課・地域起こし隊・ブドウ作り農家など）に関係する話をしてもらったりするのです。そのなかには、戦争体験のように、近い将来、直接に体験者の話を聞くことができなくなるものもあります。
　わたしの実践を2つ紹介しましょう。
　1つめは、小学4年生の子どもたちに、学校の前を流れる川の話をしてもらった「総合的な学習」の実践です。ゲストティーチャーとして教室に来て

144

ゲストティーチャーから学ぶ

いただいたのは、4年生の子ども
の祖父であるＡさんです。Ａさん
は、川で泳いだり魚を捕ったりす
るなど、川が子どもたちの遊びの
場であったことを話してくれまし
た。そのなかには、河童を恐れた
ことや、溺れそうになった話もあ
りました。また、現在は禁止され
ているビンブセ漁について、子ど
もの頃に実際に使っていた道具（ビン）を見せながら話してくれました。子
どもたちは、70年前の子どもたちになったつもりで楽しそうに話に耳を傾
け、当時の子どもたちと川との関わりや、そこで身につけた知恵を学ぶこと
ができました。

　2つめは、3年生の「総合的な学習」で地域の獅子舞を取り上げた実践で
す。獅子舞保存会で活動している父親に教室に来ていただき、獅子舞の動き
を教えてもらいました。当日は、3年生の子どもの父親と、もう1人の保存
会の方がゲストティーチャーとして教室を訪れ、子どもたちに獅子舞の動き
を教えたり、子どもたちの疑問に答えてくれたりしました。実際に獅子舞を
舞っている方から直接に学ぶことで、子どもたちは、知識と結び付いた
「技」の世界に出会い、伝統文化の継承しようとする志に出会うなど、教師
が教えることができないホンモノの「学び」を経験することができました。

(2) 「教師サポート型（授業のサポート）」学習参加

　「教師サポート型（授業のサポート型）」学習参加は、保護者に教師の仕事
の一部を手伝ってもらうという実践です。わたしの実践を2つ紹介しましょ
う。

　1つめは、4年生の社会科で、東京の高級フルーツ店で購入した1つ1200
円のリンゴと、町内のスーパーで購入した1つ170円のリンゴを比較する授

業を行った実践です。色やつや、形、大きさ、香りなど、2つのリンゴを比べた子どもたちは、当然ながら「味はどうだろう」と興味を持ちました。子どもたちが味を比べたがることは想定できたので、授業に参加する保護者に目的を話したうえで、果物ナイフを持参してくださるようお願いしておきま

農園作業をサポートしてもらう

した。当日はお父さんとお母さんが1人ずつ果物ナイフを持参してくださり、授業のなかで手際よくリンゴの皮をむいてくれました。子どもたちが大喜びでリンゴの試食をしたことは言うまでもありません。

　2つめは、学級農園での栽培活動への参加です。学級農園では、サツマイモやジャガイモを栽培していましたが、植え付けには専門的な知恵や技術が必要です。その知恵や技術を実際に畑作りをしている保護者から教えてもらいたいと考え、その時期になると保護者に協力のお願いをしました。

　作業には子どもたちの祖母や母親が参加してくれ、子どもたちに作業のお手本を見せたり、子どもたちの作業をサポートしてくれました。

　これらの実践の他にも、ミシンの実習でサポートをお願いしたり、夏休みに校舎を活用した学級レクリエーション活動を行った時に、花火や肝試しなどの活動で保護者に協力してもらいました。

（3）「活動参加型」学習参加

　「保護者の学習参加」の実践で、わたしが一番紹介したいと考えているのが、「活動参加型」学習参加です。子どもたちと保護者とが一緒に授業で学び合うというものです。教室の後ろに並んで授業を参観するのではなく、子どもたちのグループのなかに入って、子どもたちを間近に感じながら一緒に学ぶのです。

子どもたちと一緒に学ぶ

子どもたちのグループに入って座り、子どもたちと同じ目の高さで一緒に学ぶことで、保護者たちは、教室の後ろに立って参観しているのとはまったく違う世界を体験することになります。「学び合う」子どもたちの息づかい、美しさやおもしろさを感じることができます。「授業参観」のころには、自分の子どもだけに向けられていた「まなざし」が、わが子と同じ空間で学ぶ子どもたちに向けられるようになり、教室に広がる「学び」の空気を肌で感じられるようになるのです。このような経験は、「学び合う教室文化づくり」はもちろん、学校教育に対する保護者の理解を深めることになります。そして何より、保護者にとっては楽しい時間となります。

「活動参加型」学習参加では、始めは自分の子どものグループのなかに入ってもらうのですが、次からは自分の子どもがいないグループに入ってもらうようにお願いします。保護者も1、2度経験すると、「今日はどのグループに入りましょうか？」と声をかけてくれるようになります。

グループのなかで、子どもたちとどのように関わっていいかわからない保護者から、「授業のなかで自分の考えを言っていいですか？」「どんな役割をすればいいですか？」といった質問を受けることがあります。その時には、だいたい以下の内容を話します。

▶算数では、子どもたちの考えの聞き役になってほしい。子どもたちが説明する時、曖昧なことがあったら「なぜそうなるのか」と問いかけて、子どもたちに言葉を作らせてほしい。

▶国語や社会では、子どもと同じ気持ちになって、自分の考えたことを積極的に発言してほしい。正解かどうかは気にせずに、子どもたちと同じ

ように自分の言葉をつくって子どもたちにぶつけてほしい。

　子どもたちにも、保護者の考えを知って、すぐにわかったつもりにならないことや、「聴き方の達人」を頭に入れて保護者の話を聴くように話しておきます。たとえば、グループの「対話的な学び」に取り組む前に、
「お母さんたちからも言葉を引き出すんだよ」
「お母さんたちの考えを簡単にわかったつもりになってはいけないよ。わからないことがあったら、どんどんたずねよう。どこでそう考えたかも忘れずに」
「大人の考えだって遠慮しなくていいよ。先生とやっているみたいに対決したっていいからね」
などと話しておくと、子どもたちは、保護者との「対話的な学び」にやる気を見せます。
　慣れてくると、保護者もグループ学習に主体的に関わるようになります。子どもたちの考えに対して、
「おばちゃんはこう思うけどな……」
などと、子どもたちの考えに対して自分の考えをぶつけてみたり、
「その考えはどこでそう思ったの？」
と、子どもたちと同じように根拠を問うたり、
「ぜんぜんわからん。おっちゃんわかるように、もっとわかりやすく説明してくれ」
と、子どもたちの言葉を引き出す言葉がけをするなど、「対話的な学び」に積極的に関わってくれるようになります。そうした保護者とのやりを見ていると、子どもたちも楽しんでいるようです。

「保護者の学習参加」を経験した保護者の声

　わたしがかつて勤務した久那土小学校では、全校で「保護者の学習参加」に取り組んでいました。2009年度には、どのような「活動参加型」学習参

加の実践が行われたか、低学年・中学年の実践を紹介しましょう。

1年生	国語	文学教材
	生活	竹馬づくり
	生活	ポップコーンづくり
	生活	みんな大好き　お母さんのおなかの中で何をしていたの？
	生活	どうやって生まれたの？
	国際	イースターエッグをつくろう
2年生	音楽	世界のじゃんけん
	生活	春の探検
	生活	ケーキ作り
	生活	サツマイモでクッキング
3年生	総合	親子茶道教室
	国際	イースターエッグをつくろう
4年生	総合	岩船地蔵がまつられたわけ
	社会	あなたはペットボトル水を買って飲みますか？

　子どもたちのグループに入って一緒に学んだ保護者の声に耳を傾けましょう。

　　たくさんの先生方、研究者の方々がいらっしゃるなかで、子どもたちはどういう感じなのだろうと思い、子どもたちの学ぶ姿を見させていただきました。子どもたちはいつも通り、自分の考え、班の考えを発表していて、また周りに気をとられることなく、集中して授業に取り組んでいる姿は、とても立派で感心しました。初めてこういう場に参加させていただいたのですが、子どもたちと一緒に考えたり、子どもの考えを聞き感心させられたりと、わたし自身とても勉強になりました。子どもたちも今まで学んできたことを話して

くれたり教えてくれました。子どもたちともコミュニケーションも
とることができて、とても良かったです。また機会がありましたら
参加させていただきたいです。

　わたしたちが子どもの頃にくらべて、難しい授業だと思いまし
た。自分たちで答えを出し、その答えを自分たちで考え、また教え
合う。そしていっしょに考える。そんな授業に楽しそうに一生懸命
取り組んでいる子どもたちを『すごい』と思いました。

　（前略）久しぶりに息子の様子、4年生みんなの様子を見ることが
できました。また一段と考える力、聞く力、考えをまとめ表現する
力が伸びてきたなと感じました。何より1時間のなかで課題にのめ
り込み、夢中になっている子どもたちの姿を見ることができ、親と
して本当に嬉しく思いました。（後略）

　（前略）いろいろな水を飲ませていただきましたが、私はコント
レックスと東京の水道水の味のちがいはわかったのですが、アイス
フィールドと日田天領水のちがいはわかりませんでした。甲府の水
道水は実家の水の味だったので、飲んだらすぐにわかりました。や
っぱり東京の水道水はまずいなと思いました。（後略）

（「2009年度久那土小学校研究紀要」より）

　4人の保護者の声から、子どもたちの「学び」のなかに身を置いて、子ど
もたちに確かなまなざしを向けている保護者の姿が伝わってきます。保護者
たちは、課題に夢中になっている姿や、難しい課題に楽しそうに取り組む子
どもたちの姿に間近に接し、感心したり、驚いたり、嬉しく思っていました。
　また、子どもたちと一緒に学習内容そのものを楽しんでいる姿も伝わって
きます。子どもたちと一緒にペットボトル水の味を確かめ、ペットボトル水

について考えることを楽しんでいました。

　子どもたちと一緒に学ぶと言っても、子どもたちに自分の考えを語るだけでなく、「2つの資料を結びつければ答えがわかるんじゃないかな……」と話すなど、子どもたちの「学び」を支える役割を果たす場面もありました。

(4)「教室美術館に来てもらう」という学習参加

　「間接学習参加」は、保護者に教室へ足を運んでもらうのですが、授業に参加してもらうわけではありません。たとえば、第1章実践1で紹介した「教室美術館」に来てもらって、子どもたちの図工作品に出会ったり、作品を通して子どもたちに出会ってもらうです。

　「教室美術館」に足を運んでもらうため、「企画展」のたびにポスター（A4サイズ）を配布したり、学級通信で情報を提供したりします。

　多くの保護者が、学校で設定した授業参観日（期間）に「教室美術館」を見学してくれますが、他にも、夕方、仕事の帰りに立ち寄ってくださる方もいます。どの保護者も、わが子の作品だけでなく他の子どもたちの作品も、楽しそうに愛情あふれる視線で見てくれます。

(5)「『教科日記』を保護者に読んでもらう」という学習参加

　これも「間接学習参加」の実践です。子どもたちが書いた「教科日記」（第3章実践12）を読むことで、保護者たちは、子どもたちの「学び」に出会うことができます。

　もし、子どもたちのノートに書いてあるのが授業の板書であったなら、保護者が出会うのは学習内容ぐらいです。しかし、ノートに「教科日記」が書いてあれば、それを読むことで、保護者はわが子がどんなことをどんなふうに学んでいたのか知ることができます。また、子どもたちの「見方」や「考え方」に出会うことができます。

　教室の後ろに並んで、わが子が手を上げて発言するかどうかを気にかけている授業参観より豊かに、わが子の学びに出会うことになるのです。「教科

日記」を読むことで、保護者は間接的に学習参加をしているのです。

「保護者の学習参加」の実践の可能性

　「保護者の学習参加」には、まだまださまざまな実践の可能性があります。
　「活動参加型」学習参加などは、これから若い教師に積極的に取り組んでほしいと思います。教師の仕事は教えることだという意識の強い教師は、「保護者の学習参加」のおもしろさに気づくことはないと思いますが、子どもたちや保護者たちと「学ぶ」ことを楽しもうという教師は、一度挑戦してみることで手応えを感じることでしょう。何より保護者から「おもしろい」「またやってみたい」という声を聞くと思います。
　「保護者の学習参加」でやってみたいことはたくさんあります。以下に紹介するのは、わたしが実践できなかったものです。新型コロナの流行がなければやっていたかもしれないものです。「おもしろそうだ」と感じる人もいれば「すでにやっているよ」という人もいるかもしれません。アイデアをふくらませてほしいと思います。

（1）授業のビデオ撮影

　教師が自己研修用に撮影する授業ビデオを保護者に撮影してもらいます。わたしは自分の授業を撮影し、それを用いて自分の授業をふり返りをします。ビデオを観ながら、自身の発問の仕方や授業の進め方、子どもたちの教材や課題に対する反応、どんな「学び」が生まれているのかをふり返ります。授業ビデオは、授業をふり返るのに欠かすことはできません。
　わたしたち教師は、研究授業でもないかぎり授業は1人で行います。そのため、授業をビデオ撮影するとなると、教室正面にカメラを固定して撮影することになります。それだと、グループのなかで起きていることを十分に撮影することができません。そこで、保護者にお願いして、グループ活動の様子など、さまざまなアングルで撮影してもらうのです。保護者も2、3度撮影を経験すれば、授業の撮影テクニックを身につけてくれるでしょう。また、

教師とは異なる保護者の視点で授業の場面を切り取ってくれることにも興味があります。撮影した授業ビデオを観ながら保護者と話すのも楽しそうです。

(2) ワークやドリル類の○つけ

10人程度のクラスではあまり感じませんが、30人を超えるクラスでは、ワークやドリルなど宿題のチェックにとられる時間はばかになりません。高学年の子どもたちは、算数問題などの○つけは自分で行いますが、低学年では、教師がていねいに○付けをしたり直しをすることが必要です。その○つけを保護者にお願いするのである。

(3) 地域探検活動や安全指導

低学年や中学年では、生活科や社会科で地域を歩く機会が多くあります。また、高学年では、社会科見学・スポーツの交流会・ボランティア活動等で学校の外に出る機会もあります。全校行事で学校外で活動することもります。

10人に満たないクラスであれば担任1人で引率することも可能ですが、安全面を考えれば複数で引率したいものです。その場合、教頭や教務主任が対応することが多いのですが、常に対応できるとは限りません。そこで、保護者に協力してもらうのです。

地域を歩く活動に、その地域に詳しい保護者の方が同行してくだされば、より豊かな学習活動が可能になります。必ずしも校区の様子に詳しいわけではない教師にとって、保護者は頼りになる存在になります。これは校外学習における「ゲストティーチャー型」の学習参加と言うこともできます。「保護者の学習参加」が子どもたちの学びを豊かにするだけでなく、安全対策面からも教師にとって大きなサポートになります。

その際、保護者も子どもたちと一緒に学ぶ機会があれば、「活動参加型」学習参加になります。たとえば、5年生の自動車工場の学習で、地域内にある自動車部品工場の見学に行く機会があったとします。地域に住んでいても、その工場でどのような物がどのように生産されているかを知る機会はほ

とんどありません。警察署や消防署といった公共施設も同じです。子どもたちと一緒に、地域の産業や自然、公共機関、文化材などを学ぶ経験は、保護者にとっても楽しい「学び」の時間になるはずです。

(4)「教室美術館」の運営

　第1章実践1で紹介した「教室美術館」の実践も、保護者に参加してもらうことでより豊かな活動になります。子どもたちも「教室美術館」の企画運営に参加してくれますが、下校時刻があるために活動時間が制限されます。そのため作品の掲示は、子どもたちを下校させてから教師が行うのですが、そこで保護者にサポートしてもらうのです。さらに発展させ、「教室美術館」の企画運営を保護者にお願いするという実践も考えられます。

　すでに学校現場では「保護者の学習参加」として、「本の読み聞かせ」活動に取り組んでいる保護者がいます。それと同じ発想で、「教室美術館」の活動に取り組んでもらうのです。

「保護者の学習参加」を支える日常的なつながり

　「保護者の学習参加」の実践は、ただその機会だけを設定すればよいというわけではありません。保護者が気軽に学校を訪れる環境をつくっておくことや、保護者が担任と気軽に話ができる関係をつくっておくことも必要です。もちろん、「保護者の学習参加」の実践がそういう環境や関係を育てるという面もあります。

　たとえば、さまざまな機会に「授業を見に来てください」「教室をのぞいてください」と保護者に呼びかけることは重要です。保護者との懇談会の機会を利用したり、学級通信で呼びかけるのもいいでしょう。街中で偶然会った時にも「いつでも教室に来てください」と声をかけるのです。

　もちろん、「いつでも教室に来てください」と声をかける以上、いつでも教室に来てもらう心の準備をしておくことは必要です。たとえば、朝、保護者から、「今日の〇時間に授業を見せてもらっていいですか?」と連絡があ

った時どうするでしょう。わたしは、その時間にわたしの授業が入っているかぎり、来ていただくことにしていました。その時間がテストにあたっていれば時間割の入れ替えをします。

　教師のなかにはそういう保護者の教室訪問を快くよく思わない人もいます。「いきなり電話をかけてきて参観したいというのは非常識だ」と考える教師もいるかもしれません。そういう教師たちは、保護者に見せるための特別な授業や教室掲示をすると考えているようです。

　保護者が来るからといって特別な授業をする必要はありません。そもそも、保護者が来るからと言って特別な授業をするというのもおかしな話です。保護者がいようがいまいが同じ授業をするつもりでいたいものです。そのため、保護者にも「保護者が来るからと言って特別な授業はしませんよ。いつもの授業を見てもらいます」などと話しておきます。掲示物などの教室環境づくりについても同じです。毎日誰かが教室に訪れるというつもりでいれば、誰かが突然教室に入ってきてもあわてることはありません。第1章で紹介した「教室空間のデザイン」の実践は、特別な日のためのものではなく日常的な実践です。

　保護者が来ても特別なこと（見せる授業・ふだんの授業とは異なる授業など）をしないと決めていれば、朝に、「今日、時間ができたので授業を観に行っていいですか？」と連絡が来ても、「どうぞ来てください」と答えることができるのです。

　実際に、前日や当日に連絡をいただくことも何度かありました。嬉しいことに、保護者だけでなく、保護者の姉妹（子どもたちにとっては叔母・伯母）や、他の学校の保護者も一緒に来てくださったこともあります。

　保護者の学習参加に備えて、教室には丸椅子をいくつか準備しておきます。そして、授業の途中に、教室に入ってくる方がいれば、丸椅子を出して子どもたちのグループの近くに座ることをすすめます。

　「保護者との連携」や「地域との連携」という言葉は、これまでも教育現場でよく使われてきました。これらの言葉には、何か組織を作ったり、講演

会や懇談会を企画したりといった「特別なこと」をするというイメージがあります。もちろん、そうした取り組みも必要だと思いますが、なにより大切なのは、教師が「いつでも教室に保護者を受け入れる」という気持ちでいることだと考えます。

「保護者の学習参加」をスタートさせましょう

従来の授業参観の日、「活動参加型」学習参加を実践してみたいと考えたとします。保護者にグループのなかに座ってもらう十分なスペースもあり、保護者用の丸椅子なども準備できる……「活動参加型」学習参加をするための空間的な条件が揃っていれば、ぜひ挑戦してほしいと思います。

4月の保護者懇談会の時に、「5月の授業参観の時には、○○の授業をします。保護者のみなさんには、教室の後ろに並ばずに、子どもたちのグループの近くに座って参加してください」という話をしておきます。

また、授業参観日の前の「学級通信」に、「保護者の授業参加」のことについて取り上げます。2010年度は、2学期から本格的に「活動参加型」の学習参加に取り組みましたが、夏休み明けの「学級通信」のなかで、次のように保護者に呼びかけました。

> **保護者の学習参加を**
> 国語では「ちいちゃんのかげおくり」の学習がスタートしました。どうぞ教室へ足を運んでください。教室に来たら、ぜひ子どもたちの席の近くに座り、子どもたちと同じ目の高さで、学習に参加してください。後ろにズラリと並んで全体（あるいはわが子だけ）を眺める授業参観とは違った子どもたちに出会えるはずです。「学び合う」子どもたちの息づかいにふれることができると思います。わが子が関係のなかで学んでいることを実感できると思います。
>
> （2010年9月3日発行「紙ひこうき」より）

　次に紹介するのは2008年年度の3年生の学級通信で「保護者の学習参加」について紹介した部分です。

　「保護者の学習参加」のお誘い

　公開研究会が来週に迫りました。

　今年度の研究会では、午後から2年生と6年生で研究授業を行います。また、研究授業とは別に、4時間目（11:55〜）に全ての教室で授業を公開します。この時間に、東京大学の佐藤学先生、國學院大學の齋藤智哉先生が全ての教室を参観されます。また、早めに学校に来た他校の先生方も参観します。

　3年生では「社会」の授業をします。スーパーの見学と牛乳の学習を終え、子どもたちは、商品について関心を持ち始めています。来週の社会の時間には、子どもたちをさらに「商品」の世界に出会わせます。何を扱うか……お楽しみです。「社会」は月曜日・火曜日・そして11日の3時間目と3回予定しています。どの時間でもいいですので、参加ご希望の方は前日までにお電話ください。なお、11日の4時間目の授業では、お手伝いいただきたいことがありますので、よろしければご参加ください。お手伝いの内容は、前日までにご連絡します。

　なお、「ちいちゃんのかげおくり」の授業も、ご希望がありましたらご参加ください。子どもたちが、どんな言葉にこだわり、どんな考えをして場面を描いていくか。おもしろいですよー。

　　　　　　（2008年12月8日発行 学級通信「紙ひこうき」より）

授業が終わった時も、学級通信で取り上げます。

　「保護者の学習参加」、ありがとうございました

　水曜日には、授業参観・学年PTA懇談会にお越し下さりありが

とうございました。

　算数「小数って何だ？」の授業では、保護者のみなさんに子ども
たちのグループに入っていただき、子どもたちの説明の聞き役にな
っていただきました。お母さんやお父さんたちに一生懸命、小数に
ついて説明している子どもたちの姿、それを「よくわからないよ」
「0.4はわかったけど、0.7だったらどうなるの？」などと言いなが
ら、見事にわからない役割を演じてくださった保護者のみなさん。
子どもたちは、友だちのお母さんやお父さんたちと共に学ぶ楽しさ
を感じていたでしょうし、保護者のみなさんは、3年生の「学び合
う」子どもたちの息づかいを間近に感じることができたのではない
でしょうか。「あらためて小数の勉強ができて楽しかったです」と
いうお母さんの声も聞かれました。もしよろしければご感想をお聞
かせください。(2010年12月3日発行 学級通信「紙ひこうき」より)

　子どもたちにも、授業に保護者が来て、グループ学習に参加することを話
しておきます。そして、保護者にどんどん質問することや、意見を言っても
らうこと、保護者の言ったことを正解と思わない（友だちの考えと同じ）こ
となどを話しておきます。

　授業になって、保護者が教室に顔を出し始めたら、グループの近くに置い
てある丸椅子に座るようにすすめます。あとはいつものように、グループの
「対話的な学び」を中心にした授業をするだけです。

　初めての授業参加の時は、保護者は自分の子どものいるグループの近くに
座りますが、2回めからは、できるだけ自分の子どもがいないグループに入
ってもらうことにします。こうすることで、保護者は、わが子の素晴らしさ
だけでなく、教室の子どもたちみんなの素晴らしさに出会うことになります。
また、保護者が来ていない子どもたちへの配慮ともなります。

　「保護者の学習参加」は、特定の日だけでなく、いつでも可能にしていま
す。「授業参観日（週間）」など学校で設定した日や期間に来られなかった保

「活動参加型」学習参加

　護者が、日常的な授業に参加してくれることもあります。何度も「保護者の学習参加」を経験した保護者は、教室に入ると、「今日はどこに入りましょうか？」とか「今日は○○さんのグループに入りますね」などと、先に声をかけてくれます。

　「保護者の学習参加」の実践を、保護者はたいへん好意的に受け止めてくれますが、残念なことに、若い教師が何か新しいことに取り組もうとする時、同じ学校に勤務する教師から「待った」がかかる可能性があります。

　わたしが「学びの共同体」理論に学んで「保護者の学習参加」実践に取り組みはじめたのは30代でした。勤務していた久那土小学校では、校内研修で「学びの共同体」理論にもとづく教室・学校づくりに取り組んでいたので、それぞれの教師が自由に伸び伸びと自分の実践を行い、それをお互いに学び合うという教師文化が育っていました。わたしの出会った校長先生も前例主

義にとらわれることなく、自ら新しい実践に取り組むなどしていたため、新しい実践にブレーキをかけるようなことはありませんでした。そんな学校であれば、新採用の教師であっても、余計な心配をせずに「保護者の学習参加」に取り組むことができるでしょう。「それ、いいね。どうやるの？」と、興味を示し、一緒にやろうとする教師も現れると思います。

　しかし、すべての学校にそういう文化が育っているわけではありません。前例主義や事なかれ主義・同調主義の校長に相談しても、「職員の共通理解を図らなければ……」などと消極的な言葉が返ってくるだけで、何もしてくれないばかりか、迷惑そうな顔をされるかもしれません。

　「おもしろね、やってごらん」と、自分の意思で若い教師の挑戦を後押しする言葉がかけられる校長との出会いを待っているより、自分の意思で「保護者の学習参加」に挑戦してみることをすすめます。

　授業参観で教室の後ろに集まり始めた保護者たちに対して、グループになった子どもたちの近くの丸椅子に座るようにすすめるくらいのことは、担任が判断して行えばいいことです。それが気に入らなくて、不満を口にする教師がいたら、その時は堂々と、自分の言葉で自分の考えを語るのです。そのことで特定の教師との人間関係がうまくいかなくなっても気にすることはありません。先輩の言葉に耳を傾けることは大切ですが、それは必ずしも従うということではありません。相手の言葉や態度に、教育者として疑問や問題を感じたら、ぶつかることも必要だと考えます。

　保護者や地域社会との連携が叫ばれている今日、「保護者の学習参加」の意味を真っ向から否定する教育関係者はいないでしょう。そうであるなら、「できない理由」を並べてくる教師や管理職に対しては、「できる方法」を一緒に考えてもらうよう提案しましょう。きっと「保護者の学習参加」に興味を持って、実践したいと考える教師はいるはずです。

3章 学び合い・育ち合う授業づくり：「主体的・対話的で深い学び」を実現する授業づくり

コロナ禍のグループ学習
=「学び合い・育ち合う
授業」づくりを継続する

1・授業が下手でも教室文化は育つ

　第1章では「教室空間デザイン」について、第2章では「『ひと』・関係づくり」について紹介しました。そして第3章で取り上げるのが「授業づくり」です。ここでは、わたしが毎日の授業づくりで心がけてきたことを具体的に紹介していきます。

　現職の教師の頃、わたしの教室には全国各地から教師や研究者・学生たちが訪れました。そして、子どもたちの学ぶ姿に対してたくさんのおほめの言葉をいただきました。しかしわたしは「授業の達人」でも「スーパー教師」でもありませんし、教育委員会から表彰されるような優秀教師でもありません。また、近年流行の「授業スタンダード」に忠実に従った授業をする教師でもありません。

　しかし、うまい授業ができなくても、また「授業スタンダード」に忠実な

授業でなくても、「対話的で深い学び」のある授業になります。子どもたち
が、瞳を輝かせて仲間と共に学ぶ授業になるのです。

　本章では、子どもたちを「主体的・対話的で深い学び」に導く実践のなか
から以下の4つの実践を紹介します。

　実践9・対話的な学び

　実践10・深い学び

　実践11・教科書の読み方

　実践12・教科日記

　これらの実践に取り組むことで、「主体的・対話的で深い学び」を実現す
る授業が生まれます。以下本章では、この「主体的・対話的で深い学び」を
実現する授業のことを「学び合い・育ち合う授業」と表現します。

2・実践のアップグレードをみんなで

　経験を積んだ教師は、教育方法をマニュアルとして考えることはありませ
ん。「○○をすれば必ず□□になる」と必ずしも言えないことを経験で学ん
でいるからです。「○○をしたけれど□□にならなかった」「○○をしたら△
△になった……」ということはよくあります。A子に「○○したら□□にな
った」けれど、B子には「□□にならなかった」ということは毎日のように
経験しています。

　90％の子どもたちに期待する結果が出て、10％の子どもたちにその結果が
出なかった時、わたしたち教師は、10％に結果が出なかったのはなぜかと考
え、同時に10％の子どもたちに有効な方法を考えます。授業は事前にどの
ように綿密なプランを立てようが、入念な教材研究をしようが、思い描いて
いた通りにいくものではありません。子どもたちの反応を見ながら修正し、
よりいいものを求めていくのです。

　このような態度は、以下に紹介する「学び合い・育ち合う授業」づくりの
ための4つの実践に取り組む時にも必要です。それらを唯一の正解・絶対の

教育方法・マニュアルと考えないことです。

　教育実践は、あくまで実践者の教室で起きた事実（成功例・失敗例）を語るものです。たとえば古屋の2021年度の身延小6年生教室で90％の成果を出した実践が、齋藤先生の2025年度の□□小5年生教室では80％の結果しか出ないこともあるでしょう。その反対に、安間先生の2026年度の△△小4年生教室で120％の結果を出すこともあるかもしれません。そこに、教育実践研究の入り口があります。「なぜ、わたしの教室では80％の結果しか出せなかったのか……」という問いや、「なぜ、わたしの教室では古屋の教室を超える結果が出せたのか……」という問いが生まれ、実践研究が始まるのです。

　もちろん、教育現場の実践研究は、仮説をたてて検証することも、PCに向かって20枚のレポートに仕上げることもしません。自分で実践をふり返り、子どもたちの作品を読み、同僚と語り合うなかで、その時点でもっともふさわしいと思える答えを導き出すのです。

　「学び合い・育ち合う授業」を実現するための4つの実践についても、このような態度で取り組んでほしいと願っています。4つの実践に問題点を見つけたら、改善点を加えてください。「学び合い・育ち合う授業」づくりの実践をさらにいいものにするヒントを見つけたら、新しい内容を加えてください。教師1人ひとりの手で「学び合い・育ち合う授業」づくりの実践がアップグレードされたり、オリジナルの実践が生まれていくことを楽しみにしています。

「対話的な学び」で「わたしの言葉」をつくる

実践・9

対話的な学び
● 仲間と共に自分の言葉をつくる

1・2年生と、それ以降の「対話的な学び」の指導方法の違い

　本章で取り上げる「学び合い・育ち合う授業」づくりに取り組むことによって、「主体的・対話的で深い学び」のある授業を実現することができます。明治から続いてきた「一斉（講義型）授業」を続けているかぎりそれを実現することはできません。

　実践9では、「学び合い・育ち合う授業」づくりに不可欠な、グループの「対話的な学び」の指導方法について紹介します。

　「対話的な学び」の指導方法は、小学1・2年生と3年生以降とでは異なる点があります。小学1・2年生の「対話的な学び」の指導方法については、わたしには2年生を1度だけしか担任したことがないため、具体的な実践をもとに説明することはできません。ここでは、中学年以降を主として担任してきた視点から、どのような点が異なるのか概要だけを取り上げます。

　小学1・2年生の時代は、「先生、あのね」という言葉が表すように、教師に話を聴いてもらう楽しさやここちよさ、そのことで教師とつながる安心感をたっぷり経験させることが大切です。それと同時に、自分の言葉を隣の友だちに話すことによって隣の友だちとつながる楽しさや安心感、自分の考え

をみんなに話すことによって教室
の友だちみんなとつながる充実感
やここちよさを経験させることも
大切です。隣の友だちに話を聞い
てもらって「嬉しいなあ……」と
感じたり、みんなに話を聞いても
らって「よかったなあ……」と感
じる経験をたっぷりさせるのです。

コの字型の机の配置

　そういう経験を日常的にさせる

「教室空間のデザイン」（第1章実践1）のポイントは、子どもたちの机の配
置です。1・2年生の教室では、4人グループの机の配置にするのではなく、
机を「コの字型配置」にします。「コの字型配置」のまま、隣どうしのペア
学習を行ったり全体学習を行ったりするのが、1・2年生の理想的な「教室
空間デザイン」です。

　ところが、1・2年生の教室で、わざわざ隣の席との間を広くあけ、全員
教室の正面を向いて座らせている風景をしばしば目にします。子どもたちの
席が近いと、子どもたちが集中しないとか、「隣の子どもにちょっかいをだ
す」などという理由でそうしているのでしょう。実際にそういうことを教師
から聞くこともあります。子どもたちをバラバラにして、コミュニケーショ
ンがとれないようにしておくことで、子どもたちが落ち着いて学習に取り組
む環境が整うと考えているのです。ベテランと言われる教師たちがこういう
考えを持っていて、それが新採用の若い教師たちのお手本となってしまうの
は残念なことです。

　「学びの共同体」研究会や、「授業づくり・学校づくりセミナー」で紹介さ
れる授業の映像を見れば、1・2年生の子どもたちが、「コの字型配置」にし
た教室で「ペア学習」に取り組んでいる姿に出会うことができます。隣の友
だちと肩がふれあうように、時には額がくっつきそうになるくらい近い関係
で、夢中になって「対話的に学ぶ」子どもたちの姿に出会うことができます。

「子どもたちの距離が近いと落ち着いて学習に取り組めない」という考えは否定せざるをえなくなります。わたし自身、先輩の教師たちが、机を「コの字型配置」にした1・2年生の教室で、すばらしい「ペア学習」を行うのを直接見てきました。子どもたちは、距離が近づくほど安心して授業に取り組むことができるようになるという考えから出発することが必要です。

3年生以降の「対話的な学び」のための机の配置

低学年で、「教師とのつながり」やペアの「友だちとのつながり」、教室の「みんなとのつながり」をたっぷりと経験した子どもたちが3年生になったら、グループの「対話的な学び」に取り組みます。

「対話的な学び」のために、机の配置を、常に4人の机を寄せ合った「テーブル型」にします。グループの人数は4人がもっとも適していると考えます。5人や6人のグループ学習では、子どもたちのお互いの距離に差があることから、グループのなかで2つの「学び合い」がおきてしまいがちです。同じグループに、2人と3人の「学び合い」が生まれるのです。また、5人、6人のグループの「学び合い」では、1人ずつ自分の考えを発表する時など、グループ全員が話し終えるまで時間がかかってしまいます。

3人のグループ編成もしたことがあります。9人の6年生を担任した時は、3人ずつの3つのグループにしました。もちろん、それでも「対話的な学び」は成立しますが、仲間の考えに出会うという面で物足りなさを感じたことが何度かあります。

以上のことから、グループの人数は4人が最適だと思います。その4人も、できるだけ男子・女子が同じ人数になるようにし、図のように、隣同士・正面同士で男女のペアが組めるように座らせます。

向かい合う机も隣り合う机もぴったりとつけ、中央にすき間ができないようにします。(ただし、新型コロナの時は、感染防止の上から、前と横の間隔をあけました。)この形のいいところは、グループの4人の間隔がほぼ同じであることと、中央に資料やホワイトボードを置いて4人の活動ができる

４人グループの対話的な学び

| 男子 | 女子 |
| 女子 | 男子 |

正面

図　「テーブル型」の
　　机の配置

ことなどです。

　テストなど特別な場合を除き、子どもたちは、登校してから下校するまで、「テーブル型」の机の配置で学び合い・生活するのです。

　教職生活の最後に担任した身延小学校の36人の6年教室では、4人ずつ9つのグループを編成し、新型コロナ感染対策が強化された一時期を除き、常に「テーブル型」に机を配置していました。かつては、「コの字型」の机配置を基本にして、グループ学習の時に「テーブル型」の配置にしていたのですが、身延小学校に赴任してからの7年間は、常に「テーブル形」の配置にしていました。

グループのメンバーは「くじ引き」で決める

　グループのメンバーは「くじ引き」で決めます。意図的な編成はしません。学習面で問題を抱える子どもたちや、理解力の高い子どもたちをが1つのグループに集中しないように配慮したり、リーダー性のある子どもをそれぞれのグループに割り振ったりするような編成はいっさい行いません。

　「くじびき」によるグループ編成について、しばしば訊かれるのは、

　「学力面で問題を抱える子どもたちが1つのグループに集まってしまったらどうしますか？」

ということです。

　実際にそうなることもありますが、心配することはありません。算数が苦手な子どもたちが集まっても、おとなしそうな子どもたちが集まっても、以前にトラブルがあった2人が一緒になってしまっても……、そうなったらなったです。教師の心配をよそに、子どもたちは、そのメンバーのなかで自分ができることをはじめ、気まずい関係でもお互いにおり合いをつけながら関係をつくろうとします。そういう姿を何度か目の当たりにするたびに、授業づくりが「ひと」・関係づくりに深く関わることを実感させられました。

　もちろん、子どもたちの特性を考慮して、均質なグループ編成をしたいという教師たちの気持ちはわかります。その方が授業や生活が「うまくいく」と考えてのことでしょう。算数が苦手なAに、算数が得意なBが教えてあげるだろう……、Cが掃除を怠けたらBが注意するだろう……そんなふうに考えて意図的なグループ編成しようとするのです。

　しかし、そうした均質グループは、社会や日常生活にはない不自然なグループです。社会のなかで「対話的な学び」が行われるとしたら、それは偶然に出会った仲間との間で行われます。偶然に出会った者どうしが、そこで「対話的な学び」を生み出す力を育てたいと考えるのであれば、教師による意図的なグループ編成は必要ないと考えます。

　「対話的な学び」がめざすのは、「できる子ども」が「できない子ども」に教えることではありません。たしかに「ペア学習」や「グループ学習」にはそういう「教え合う関係」が生まれることがあります。しかしそれは、「対話的な学び」の目的ではありません。

　「対話的な学び」でめざすのは、仲間と共に課題に取り組みながら、自分の言葉（考え）をつくり磨きをかけることです。そう考えれば、算数が苦手な子どもたちどうしでボソボソとつぶやきながら問題に向き合い、1人ひとりが正解に向かって自分の言葉をつくっていれば、「対話的な学び」が成立しているということになるのです。

　グループ編成を「くじびき」で行うにあたっては、その意味を発達段階に応じた言葉で子どもたちに伝えます。とくに中学年以上の子どもたちにはて

いねいに説明することが必要です。

　わたしは、4月の一番始めの学級活動でグループ編成をする時には、次のような資料を準備して、子どもたちにていねい説明するようにしていました。

　グループは「くじ」で決めることにする。「○○さんと、△△さんは仲良しだから一緒にする。○○さんと□□は仲が悪いから分けよう。○○さんは算数が苦手で△△さんは得意だから一緒のグループにしよう……」。先生は、こういう決め方は嫌いだ。

　算数が苦手な人が4人一緒になって何が悪いの？　苦手な人たち同士、力を合わせ、問題に取り組めばいいじゃないか。これから何十年も続く君たちの長い人生は偶然の出会いの連続だ。すべてが偶然の出会いなんだ。だから、グループを決める時も「偶然の出会い」を大切にする。「偶然の出会い」で決める時の大切な約束は、決まったことに不満をぶつけたり文句を言ったりしないことだ。

（2021年度6年生4月の学級活動資料より）

　2021年度の36人の6年生教室では、4月の1学期スタート時、8月終わりの2学期スタート時、10月の運動会終了後、1月の3学期スタート時のあわせて4回、グループ編成を行いました。教室内でのグループの位置は、2週間ごとにローテーションすることにしました。

リーダーは固定しない

　グループ編成をする時にリーダー（まとめ役）を決めることは、これまで教育現場で広く行われてきました。わたしが小学生だった1970年代に使われていた「班長（さん）」という言葉は、現代の学校にも残っています。

　わたしも、グループ編成においてリーダーを決めます。しかし、リーダーの役割を固定せず、2週間ごと順番に交代するようにします。リーダーにふさわしいと思われる子どもにリーダーの役割を任せるのではなく、教室の子

どもたち全員にリーダーの役割を経験させるのです。グループ編成を「くじびき」にし、リーダーを固定せず輪番制にすることは、現在わたしがもっとも適していると考える方法です。

「対話的な学び」は「話し合い」ではない

　グループの「対話的な学び」に取り組ませる時、わたしたち教師は、「○○について話し合ってみよう」と、「話し合う」という言葉を使ってしまいます。しかし、「対話的な学び」で求めるのは「話し合い」をさせることではありません。「話し合い」をさせたところで、子どもたちに何かの力が育つわけでもありません。

　たとえば、次のような「話し合い」を思い浮かべてみましょう。

　4人グループのなかで、子どもたちが順番に自分の考えを発表していき、4人めが発表したところで活動が終わり、あとは手持ちぶさたで教師の「やめてください」の声を待っているという場面です。このような、自分の考えを発表して終わってしまうグループ活動を、「発表会的話し合い」と呼び、そうならないように注意しています。あらかじめ、ワークシートやノートに自分の考えを書かせる活動を取り入れた時、それぞれが書いたことを読んで終わってしまう「発表会的話し合い」になりやすいので注意が必要です。

　それとは対照的に、グループ内で激しく意見を戦わせるグループ活動もあります。子どもたちが激しく意見を戦わせている様子は、「生き生きと活動している」「活発に話し合っている」などとプラスに評価されがちです。しかし、議論している内容に耳を傾けると、わかったことを大きな声で主張し合っているだけのことがよくあります。「わかったことの言い合い」も、「学び合い・育ち合う授業」で追究する「対話的な学び」とは異なります。

　「発表会的話し合い」と「わかったことの言い合い」の2つに共通するのは、そこに「聴き合う関係」がないことです。子どもたちに、相手の言葉に耳を澄まそう、しっかり耳を傾けようという意識が働いていないのです。「話を聴く」ことがない「話し合い」を続けていても「深い学び」は生まれ

ません。「対話的な学び」で大切なのは「話し合い」ではなく「聴き合い」です。

「対話的な学び」の目的はわたしの言葉（考え）をつくること

なぜ「対話的な学び」に取り組むのか。子どもたちに「対話的な学び」を指導するのであれば、その目的を語れるようにしておきたいものです。

「対話的な学び」の目的を、多様な考えに出会うことだとする考えがあります。わたしも含め、多くの教師が認める考えだと思います。しかし、その先は、教師によって異なります。

多様な考えに出会ってどうするのか……。代表的な考えが、多様な考えを参考にしながら、グループで「1つの考えを練り上げる」というものです。わたしは、グループで「1つの考えを練り上げる」活動のすべてを否定するわけではありません。しかし、たとえば、国語の文学的な教材を扱った授業で「1つの考えを練り上げる」ことはしません。文学的な教材を扱う授業では、子どもたち1人ひとりが味わったことを「わたし」の言葉にすることが大切だと考えているからです。

わたしが考える「対話的な学び」の目的は、「わたしたち」の言葉（考え）をつくるのではなく、「わたし」の言葉（考え）をつくり、それを磨くことです。仲間との「聴き合う」関係のなかで、自分にはない見方や考え方・感じ方・表現などに出会い、それらと対話をしながら、自分の言葉をつくり、磨くのです。あえて「練り上げる」という言葉を使うなら、「対話的な学び」の目的は、自分自身の言葉を、仲間・教材・自分との対話を通して「練り上げる」ということになります。

「対話的な学び」の魅力を言葉にしてみる

「4人グループで学ぶことで、どんないいことがあるのですか？」と、子どもたちや保護者たちから問われた時、どんな答えを準備しているでしょうか。「対話的な学び」を子どもたちに本気に取り組ませたいのであれば、教

師自身がその目的と共に、魅力を語る言葉も用意しておきたいものです。それができないようであれば、「対話的な学び」は、子どもたちにも教師たちにも、「やってよかった」という手ごたえをもたらすことはないでしょう。

　わたしが、4人グループの「対話的な学び」に感じている魅力は、以下の5つです。

　【4人グループの「対話的な学び」の魅力】

　(1) 仲間の考え方をなぞりながら（模倣しながら）理解したり、自分の言葉を紡ぎ出すことができる。

　(2) 自分の考えを仲間に話すことにより、自分のわかり方の曖昧さや、用いた言葉の不十分さに気がつくことができる。

　(3) わからないことを何度も違う角度から問いながら、自分のペースでわかることができる。

　(4) 仲間の考えを聴くことで、自分にはない考え方や感じ方に出会い、自分の誤りや考えの浅さに気がつくことができ、自分の考えにさらに磨きをかけることができる。

　(5) 仲間の考えを「足場」としたり、仲間に「足場」を提供することができる。

　4人グループの「対話的な学び」の目的であり最大の魅力は、4人が協力して4人それぞれの「わたしの言葉（考え）」をつくり、それを磨き合うことです。

　(5) の「足場」とは、今の「わたしの言葉」（わかり方・感じ方・考え方等）を深めたり高めたりするきっかけです。教師が意図的に行う「支援」だけでなく、子どもたちの対話のなかで出会い影響を与える言葉や行動なども含めます。グループの「対話的な学び」のなかで、子どもたちが「そうか」「そういうことだったのか」などと口にする時、その言葉をもたらすきっかけとなった仲間の言葉や行動が「足場」です。

　ここにあげた5つの「対話的な学び」の魅力に共通するのは、子どもたちが1人ではできないということです。4人グループの「対話的な学び」に取り組もうとするのであれば、その魅力を語る言葉を持ち、それを意識しながら実践に取り組むようにしたいものです。

「対話的な学び」にマイナスに影響する「話し方」の指導

　「対話的な学び」という言葉に、子どもたちの活発な「話し合い」を期待する人がいます。そういう人たちは、「話し合い」に役に立つ「話し方」を指導しようと考えます。いい「話し合い」にしたいと考えてのことですが、「話し方」の指導が「対話的な学び」にとってマイナスになることがあります。

　たとえば、「話し方」の指導の1つに「発言の型」の指導があります。

　根拠を明確にしたいという考えから、「わたしは○○だと思います。その理由は〜だからです」という言い方（「発言の型」）を指導します。同じように、発言の目的を明確にしたいという考えから、「○○さんに質問があります」「○○さんにつけたしですが……」という「発言の型」を指導します。熱心な教師は、いくつかの「発言の型」が書かれたシートをラミネートし、子どもたちに持たせて活用させています。

　こういう「発言の型」の指導は、小学校の低学年のうちにある程度行うのはいいかもしれませんが、それ以降はやりすぎない方がいいと考えます。子どもたちがシートに書いてある「発言の型」を見ながら言葉のやりとりをしているのを見ると、「やりすぎ」だと思います。

　わたしが小学校中学年以上の「発言の型」の指導に積極的になれないのは、「対話的な学び」が不自然な言葉のやりとりになるからです。

　たしかに根拠を明確にすることは大切です。しかし、考えの根拠を明らかにしたいのであれば、発言のあとに、「どこでそう思ったの？」と問えばすむことです。そういう問いが自然に行われる教室では、子どもたちは「発言の型」など使わなくても、自然に自分の考えのなかに根拠を語るようになり

ます。

　「発言の型」の指導の他にも、「対話的な学び」を不自然にしてしまう「話し方」の指導として、発言する前に発言内容を書かせる指導もあります。

　「グループで話し合う前に、自分の考えをワークシートに書こう」などと指示をし、しばらく時間をとって考えを書かせてから、4人グループの「対話的な学び」に取り組ませるのです。何度かそういう場面を見る機会がありましたが、その「話し合い」は、4人が順番にワークシートに書いたことを読んで終わったしまう（発表会的話し合い）ものでした。大切な言葉や要点をメモしたものを見ながら、自分の言葉で語る姿を期待するのですが、なかなかそういう姿に出会うことはありません。4人が順番にワークシートに書いた文章をそのまま読んで終わりになってしまうことが多くあります。

　こういう指導をする教師は、「対話的な学び」は、1人ひとりが「ちゃんとした考え」を発表し交流するものだと考えているようです。子どもたちも、「ちゃんとした考え」を発表するためには、ワークシートに書いておいた方がいいと考えます。

　しかし、わたしが考える「対話的な学び」は、「ちゃんとした考え」の交流会ではありません。考えがしっかりつくれないから「対話的な学び」をするのです。どうしてもワークシートに考えを書かせたいのであれば、そのワークシートに自分の考えを書いているその時が「対話的な学び」が必要な場面であると考えます。「自力解決」などと言って、誰とも交流させずにワークシートに書かせるのではなく、4人グループの「対話的な学び」のなかで自分の言葉をつくり、ワークシートに書けばいいのです。

　「話し方」の指導とは別に、司会者や記録者などの役割を分担するという指導も必要だとは思いません。たかだか4人で話すのに、司会者役が「今の考えに質問や意見はありますか？」などと言葉を発するのは不自然だと思います。発言者が自分の発言に続けて、「何かある？」「……と思うんだけど、どうかなあ」「……だと思ったけど、○○さん、どう思う？」などと、一言加えればいいだけのことです。

　「対話的な学び」を育てるうえで、わたしが「役割」らしきものとして子どもたちに教えたのは、「口火を切る」ということだけです。子どもたちには次のような話をします。

　「話し合いをする時、4人が黙ったまま、誰かが何か話をするまで待っているなんてことがなかったかな？　そういう時、最初に話をする人になろう。わかったことなど言おうとしないで、言葉がつくれなくて困っていることをつぶやくんだよ。1番はじめに話し出すことを『口火を切る』と言うんだ」

　わたしが「対話的な学び」で求めるのは「自然な対話」です。

「対話的な学び」に必要な「聴く力」と「聴き合う関係」

　「対話的な学び」は「話し合い」ではなく「聴き合い」にすることが大切です。そう考えれば、「話し方」の指導ではなく「聴き方」の指導が重要になります。

　子どもたちに1人ひとりに「アクティブな聴き方」（第2章実践5）を育て、子どもたちに「聴き合う関係」を育てることが大切です。子どもたちに「アクティブな聴き方」で結ばれた「聴き合う関係」ができていることが、「自然な対話」のある「対話的な学び」を生むのです。

　「アクティブな聴き方」で結ばれた「聴き合う関係」を育てる場は授業ですが、残念ながら、その大切さをあまり意識していない教師がいます。

　たとえば、子どもたちがおしゃべりをしているのに、平気で話し始めたり話し続けたりする教師です。「話を聴く」という教室文化を育てることができなければ、軽妙な話術でもりあげる授業や、デジタル教科書を使って流す授業はできても、「対話的な学び」のある授業はできないでしょう。

　また、教室に複数の教師がいる場合、1人の教師が教室のみんなに話している時に、もう1人の教師が、特定の子どもに対して個別に話したり、グループの「対話的な学び」の場面で特定の子どもに個別に指導したりすることがあります。TT（team teaching）で授業に入る教師や支援員にその傾向が

あります。そういう行動は子どもたちに、「先生の話を聴かなくていい、友だちの話を聴かなくていい」と教えているようなものです。誰かが話をしている時は、それにしっかり耳を傾けるということを、教師どうしが共通理解している必要があります。

「対話的な学び」のある授業をめざしたいのなら、教師でも子どもたちでも、誰かが前に立った時、その気配を感じて全員が「アクティブな聴き方」のモードに入るような「教室文化づくり」のヴィジョンを描くことが必要です。

そのためには、第２章実践５で紹介した「アクティブな聴き方」を、年度始めの学級活動のなかで子どもたちに伝え、「聴き方の達人MANDARA」ポスターを教室に掲示し、常に子どもたちも教師も意識するようにします。「アクティブな聴き方」を意識した授業を積み重ねることで、教室に「聴き合う関係」が育っていくのです。

「聴き合う関係」を育てるには、特に４月・５月が重要です。この時期にていねいに「聴き合う関係」を育てておくことで、その後の授業の質が決まります。

グループ学習への積極的介入

「聴き合う関係」を育てるための具体的な方法を３つ紹介します。１つめは、グループ学習への積極的介入です。

40代半ばから退職まで、わたしの教室には、２、３学期に多くの参観者が訪れました。参観者は、わたしがグループ学習に積極的に介入していないことに気づきます。グループ学習の時間、わたしが、教室全体を見渡せる位置で、子どもたちの活動を観、聞こえてくる声に耳を傾けていることが多いからです。

しかし、初めて担任した４月・５月は、「聴き合う関係」を育てるために、グループ学習に積極的に介入します。具体的にどのように介入していたのか、グループ学習の時、わたしが子どもたちに語っていたことをあげてみましょう。

▶自分の考えを順番通りに発表して、あとは黙ってしまう「発表会」にならないようにしよう。

▶「発表会」にならないように、友だちの考えを聴いたら、それについてひと言でもいいからコメント（感想、意見、自分の考えと比べてどうかなど）しよう。

▶「発表会」にならないように、友だちの考えを聴いて、よくわからなかったところや、もっと話してもらいたいことを質問しよう。

▶考えがどこから生まれたのか、しっかり聴き取ろう。話されなかったら「どこでそう考えたの？」と質問しよう。

▶（ワークシートに書いたことを発表する場合）ワークシートは何回見てもいいけれど、言葉にする時はワークシートから目をはなし、仲間の方を見て発表しよう。

▶友だちの考えを聴いて、いいと思ったところは自分の考えに取り入れて、自分の考えをさらにいいものにしよう。

▶仲間の言葉をもっといいものにするためにはどうしたらいいか考えよう。

▶自分が話す時、3人に言葉が届いているかどうかを確認しながら話そう。

▶自分が話し終わったら、「〇〇さん、どう思う？」と、仲間に話しかけよう。

▶「話し合い」の前と後で、自分の考えが高まったり深まったりするような「話し合い」にしよう。

▶全体交流の場で発言する時は、「わたしたちのグループでは……」ではなく、「わたしは……」と、自分の考えを発表しよう。

　このような内容を、グループ学習のたびに子どもたちのなかに入り、繰り返し指導するのです（次ページ写真参照）。

178

「対話的な学び」の手本に出会わせる

対話的な学びを育てる

「聴き合う関係」を育てるための具体的な方法の2つめは、「対話的な学び」の手本に出会わせることです。

たとえば、「対話的な学び」の場面を撮影した授業ビデオを見せて、子どもたちに「対話的な学び」をイメージさせます。45分間の授業を丸ごと見せる必要はありません。4人グループの「対話的な学び」で「聴き合う関係」がよく表われている場面を5分か10分程度切り取って見せるだけでも効果はあります。ビデオを止めたり同じ場面を繰り返したりしながら、「聴き合う関係」が大切であることを説明してもいいでしょう。

同僚の若い教師が、担任する子どもたちを連れて、わたしの授業を参観したことがありました。また、学年を超えて一緒に授業をしたこともあります。ビデオを見ながら説明を聴くこともいいですが、同じ教室に身を置き、肌で「聴き合う関係」を体験することは、子どもたちの「対話的な学び」のイメージを、より確かなものにしてくれます。

仲間の「対話的な学び」を見て学ぶ

「聴き合う関係」を育てるための具体的な方法の3つめは、仲間の「対話的な学び」から学ばせることです。指導のスタート期には、授業のなかで、時々、1つのグループ学習を、他の子どもたちに見学させました。見学させるのは、「対話的な学び」が比較的にうまくいっているグループでも、うまくいっていないグループでも、どちらでもかまいません。

どこか1つのグループの周りに他の子どもたちを集め、

「これから〇班のグループ学習を見学しよう。アクティブな聴き方ができ
　ているか、よく見ておこう」
と言って、5分程度、グループ学習の場面を見学させるのです。そして、そ
の後、

「アクティブな聴き方ができていたかどうか、グループでふり返ろう」
と、見学したグループの「対話的な学び」について、グループでふり返らせ
るのです。

「対話的な学び」を授業の中心に

　子どもたちに「聴き合う関係」を育てるためには、毎日、毎時間の授業で、
4人グループの「対話的な学び」に取り組むことが必要です。

　研究会などで、時々、授業のどこで「対話的な学び」を入れるかが話題に
なることがあります。子どもたちが考えるすべての場面を「対話的な学び」
にしているわたしには、「子どもたちはいつでも対話的に学んでいる」とし
か言えません。

　多くの教師たちが考えるのが、課題を確認した後、1人で考える時間をと
り、その後、ペア学習や4人グループの「対話的な学び」に取り組み、最後
に全体で共有するという構造の授業です。「自力解決」→「ペア・グループ」
→「全体」という、3つのステップで授業を組み立てる考え方です。この考
えでは「対話的な学び」は、「ペア・グループ」で活動させる場面というこ
とになります。

　「学び合い・育ち合う授業」では、授業の始めから終わりまで「対話的な
学び」が行われます。あえて「自力解決」という言葉を用いるなら、「学び
合い・育ち合う授業」では、「自力解決」は常に行われいます。「学び合い・
育ち合う授業」において「自力解決」は、1人で課題に取り組むことではあ
りません。仲間と共に自分で課題に取り組み自分の言葉をつくることだから
です。つまり、子どもたちは、授業中、常に仲間の力を借りながら「自力解
決」を行っているのです。

　休み時間にトイレ休憩や水分補給などを済ませた子どもたちは、教室に戻るとグループの仲間と自然に「対話的な学び」を始めます。そこに教師がいてもいなくても、前時のふり返りや、「教科日記」（第3章実践12）の交流、その日の授業の予習（教科書読みなど）などを始めます。

　授業中も「対話的な学び」が基本です。誰かが発言した後、

　「今の○○さんの考えはどうだった？　ちょっとグループで考えを交流してごらん？」

と、グループの「対話的な学び」に取り組ませることはよくあります。

　「学び合い、育ち合う授業」では、最初から最後まで、4人グループによる「対話的な学び」が授業の中心になっているのです。

グループの「対話的な学び」の4つの留意点

　4人グループで「話し合い」というおしゃべりをさせているかぎり、子どもたちに何も力はつきません。繰り返しますが、「対話的な学び」には、「アクティブな聴き方」で結ばれた「聴き合う関係」が育っていることが必要です。

　目の前で行われているグループ学習が「対話的な学び」になっているかどうかを見極めるポイントは次の4つです。

　(1)「発表会的話し合い」になっていないか
　(2) 活発に意見を交流し合っているグループに「学び」が生まれているか
　(3) 静かな（活発でない）グループには「学び」は生まれていないのか
　(4)「型にはまった言葉のやりとり」だけになっていないか

　以下、すでに取り上げたことも含めて、4つのポイントを見ていきます。

(1)「発表会的話し合い」になっていないか

　グループ学習が「対話的な学び」になっているかどうかを見極めるポイントの1つめは「発表会的話し合い」です。「発表会的話し合い」とは、4人そ

れぞれが順番に考えを発表して、その後に質問をしたり感想を交流すること
もなく終わってしまうグループ学習です。そこでは、1人ひとりがどんなに
素晴らしい考えを発表していたとしても、「対話的な学び」ということがで
きません。

　「発表会的話し合い」になってしまうのは、「アクティブな聴き方」（第2
章実践5）の「5.　聴いたあと、感想や意見が言える」や、「6.　聴いたあと、
話について質問する」などの力が育っていないためです。

　ワークシートやノートに考えを書かせた後にグループ学習をさせる時には、
「発表会的話し合い」になりがちです。自分の考えを書かせてから発言させ
るのは、教師が子どもたちに「ちゃんとした発表」を期待するからです。子
どもたちも、教師が期待する「ちゃんとした発表」に応えるために、発言内
容をしっかり書き、それを読むという発言スタイルに安心感を覚えるのです。
不安なことや曖昧なことを口に出し合いながら、自分の言葉をつくるという
グループの「対話的な学び」がイメージできないのです。

　メモ程度のものはいいとしても、発表する言葉をワークシートやノートに
書かせるようなことはやめた方がいいでしょう。

（2）活発に意見を交流し合っているグループに「学び」が生まれているか

　考えを激しく戦わせている「グループ学習」は、「活発な話し合いだった」
「生き生きした話し合いだった」「熱く盛り上がった話し合いだった」……な
どと、特に教育の専門家でない方からプラスの評価を受けがちです。しかし、
活発に意見を交流しあっているグループ学習には注意が必要です。

　わかったことを言い合っていたり、自分の考えを押しとおそうとしたりし
ているようなグループ学習は騒々しいだけです。仲間の話に耳を傾けようと
いう気持ちが強く働いていれば、騒々しくなることも、ハイテンションにな
ることもありません。わからないことを考えている時には、声は小さくなり、
曖昧になります。

　活発に意見を交流し合っている「グループ学習」が目に入ったら、1人ひ

182

とりが自分の言葉づくりを行っているか、グループのなかに「聴き合う関係」が生まれているかどうかに気をつけましょう。

（3）静かな（活発でない）グループには「学び」は生まれていないのか
　グループ学習に取り組ませている時、騒々しいグループよりも静かなグループの方が気になるかもしれません。静かなグループでは、「対話的な学び」が行われていないようにも見えます。そのため、「対話的な学び」に「活発な話し合い」というイメージを重ねる人は、「消極的」「話し合いが低調」などとマイナスの評価をしてしまいます。
　しかし、静かなグループでも「対話的な学び」が生まれ、「学び」が生まれていることはあります。「対話的な学び」という言葉に、自分の考えを元気よく交流し合っている姿しか想像できない人は、静かな「対話的学び」を見落とすことになります。
　本当にわからないことに頭を働かせている時や、考えることに没頭している時、活発な対話などできるはずがありません。そう考えれば、静かなグループの4人は、考えることに没頭しているのかもしれないという見方ができるようになります。
　言葉のやりとりが活発でなく、時々ボソボソとつぶやく声が聞こえるグループ学習であっても、そこには「対話的な学び」が生まれているかも知れません。消極的だ・低調だなどと決めつけてしまう前に、そこに「聴き合う関係」が生まれているのかどうかを考えてみることが必要です。

（4）「型にはまった言葉のやりとり」だけになっていないか
　子どもたちに「発言の型」をマニュアル的に指導することで、「対話」を不自然にしてしまうことについては前にもふれました。

　▶「わたしは○○と考えます。その理由は……」
　▶「わたしは□□と思いました。なぜなら……」

▶「○○さんの考えに質問があります」

▶「これから学び合いを始めます。わたしが司会をします。では、○○さんからどうぞ」

▶「みんなの考えの発表が終わりました。何か質問や感想がありますか？」

などは、「発言の型」の代表例です。

　こうした「発言の型」の指導は小学校1、2年生ぐらいにとどめるべきだと考えます。それ以上の学年で取り組むとしても、「対話的な学び」や「聴き合う関係」づくりのスタート期の1、2週間くらいに限定した方がいいでしょう。

　「対話的な学び」では、型にはまった言葉のやりとりよりも、自然な対話を大切にします。考えたことや感じたことを、不完全なままでも、伝え合い・聴き合う関係をつくることを大切にします。

４人グループの「対話的な学び」をスタートさせましょう

　「対話的な学び」が中心の授業づくりをスタートさせましょう。3年生以上の教室では、以下の点を常に意識しながら「対話的な学び」に取り組むのがいいでしょう。

　第1に取り組むのは「対話的な学び」を生み出す「教室空間のデザイン」です。男女2人ずつ計4人のグループを編成し、1グループ4人の机を合わせた「テーブル型」の机の配置を基本とします。子どもたちを、登校から下校までいつでも「対話的な学び」が生まれやすい環境に置くのです。

　次に取り組むのは「授業デザイン」です。授業を、「一斉（講義型）授業」から、4人グループの「対話的な学び」を中心とした授業に変えます。せっかく「テーブル型」の机の配置にしても、そこでの授業が教師のおしゃべり中心の「一斉（講義型）授業」のままなら、「対話的な学び」は生まれません。研究授業の時だけに「対話的な学び」を取り入れるのではなく、毎日毎時間の授業でグループの「対話的な学び」に取り組ませるのです。

　「対話的な学び」のために、子どもたちに「聴き合う関係」を育てます。子どもたちと教師とで、「対話的な学び」は「話し合い」ではなく「聴き合い」であることを共有したうえで、子どもたち1人ひとりに「アクティブな聴き方」を育て、教室のすべての子どもたちに「アクティブな聴き方」で結ばれる「聴き合う関係」を育てる実践に取り組むのです。

　「友だちのような先生」像を追求することもいいですが、「友だちみたいだけど、話を聴くことにかんしてはとても厳しい先生」と、子どもたちから一目置かれるような教師像を追求してほしいと思います。「話を聴く」ことを疎かにしているかぎり、「主体的・対話的で深い学び」のある授業は実現ができません。そして、「学びの場」としての教室をつくることもできません。

　「対話的な学び」の目的を、わかったことの「話し合い」ではなく、わからないことに向き合う自分の「言葉づくり」としましょう。そのため、グループ学習では、わかったことをしゃべり合うような「話し合い」や、ワークシートに書いたことを読み上げる「発表会的話し合い」にならないように注意します。

　「対話的な学び」では自然な「対話」をめざし、「話の型」の指導や、司会者などの役割を分担的するような指導は必要最小限にとどめます。「対話的な学び」の指導のスタート期は、教師は積極的にグループに介入し、「アクティブな聴き方」を指導します。

　「聴き合う関係」に支えられた「対話的な学び」づくりは、新年度のスタートの4月から始めるのがもっとも適しています。4月の最初の学級活動の時間に「対話的な学び」のヴィジョンを子どもたちと共有したうえで、毎日毎時間、授業のなかで、「アクティブな聴き方」の指導と「聴き合う関係」づくりをていねいに取り組むのです。4月から5月の連休前くらいまでは、時間がかかってもていねいに指導することを心がけます。そこで費やした時間は無駄になりません。「対話的な学び」のある授業づくりに取り組むことは、子どもたちの人間関係づくりにいい影響を与えます。

　新採用の若い教師たちが、子どもたちの机を「テーブル形」に配置し、

「対話的な学び」に取り組むのを見て、「一斉（講義型）授業」を長い間続けてきた教師たちが、「そんなことでは子どもたちに力はつかない」と言って笑うかもしれません。若い教師たちも、巧みな話術で45分間、子どもたちをぐいぐい引っ張る授業を見て、「すごいなあ……」「あんなふうに話ができたらいいなあ……」などと思うこともあるかもしれません。

　しかし、わたしたちがめざしているのは、明治以来の「一斉（講義型）授業」ではなく、21世紀の教育に求められる「対話的な学び」なのです。

　2017年度の学習指導要領を受け、2020年度から小学校で本格的に「主体的・対話的で深い学び」の取り組みが始まっています。わたしたち公立学校に勤務する教師は、過去の「一斉（講義型）授業」に固執し続けているわけにはいきません。

　はじめは、満足のいく授業はできないと思いますが、教室の子どもたちと一緒に、「対話的な学び」に挑戦してほしいと思います。

「ジャンプの課題」を仲間と考える

実践・10

深い学び

● 「対話的な学び」から「深い学びへ」

「一斉（講義型）授業」から「対話的で深い学び」へ

　2017年版の「学習指導要領」で示された「主体的・対話的で深い学び」を実現するため、さまざまな実践が試みられています。先に示されていた「アクティブ・ラーニング」の実現をめざして「グループ学習」に取り組み出していた教師たちは、さらに「深い学び」を実現するという新たな課題に挑戦しています。

　「一斉（講義型）授業」とは、授業の大部分を占める教師の話と、一問一答式のやりとり、板書の書き写しで構成される昔ながらの授業です。学校現場では、長い間「一斉（講義型）授業」があたりまえになっており、そこでは、知識や技能を楽しく、わかりやすく、効率よく子どもたちに教えることがめざされていました。

　もちろん、机を「コの字型」に配置したり、4人の机を「テーブル型」に配置にしたりして、子どもたちの「学び合い」に取り組んでいた教師たちもいましたが、多くの教室では、子どもたちの机はすべて黒板に向かい、教室正面に立った教師が教えるという「一斉（講義型）授業」が行われ続けました。

　自分が「一斉（講義型）授業」しか受けた経験がない教師たちは、「主体的・対話的で深い学び」という授業ビジョンに直面し戸惑ったことでしょう。とりあえず「グループ学習」に取り組んではみたものの、「本当にこんなことをしていて力がつくのだろうか」と、確かな手応えを感じることもなく、悶々とした気持ちで授業をしている教師もいると思います。

　教師の巧みな話術で教科書の内容を説明していく授業は、時間も内容も教師が自由にコントロールできます。そういう授業に慣れきってしまった教師は、グループの「対話的な学び」や「深い学び」をめざす授業に対して、次のように考えるかもしれません。

▶「対話的な深い学び」は、必要だと思うが時間がかかる（効率が悪い）。教科書の記述のすべてを教えようとすれば、グループ学習に取り組む時間がない。

▶教科書を教えることで精一杯で、「深い学び」に取り組ませる時間がない。

▶教科書レベルの内容も理解できない子どもたちに、「深い学び」なんて無理だ。

　繰り返しになりますが、時間がないことを嘆いて「一斉（講義型）授業」に固執し続ける教師は、「主体的・対話的で深い学び」のある授業を実現することはできません。グループの「対話的で深い学び」の実践に踏み出すことで、「主体的・対話的で深い学び」は実現できるのです。

　本節では、「対話的な学び」を「深い学び」に導く実践を紹介します。

「共有の課題」と「ジャンプの課題」

　「学び合い・育ち合う授業」に必要なのは「対話的な学び」を「深い学び」に導くことであり、そのためには子どもたちに「聴き合う関係」を育てることと、授業において「ジャンプの課題」を準備することが必要です。

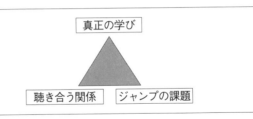

図 「共有の課題」と「ジャンプの課題」

「学び合い・育ち合う」授業の組み立てはとてもシンプルで、「共有の課題」と「ジャンプの課題」という2つの課題を中心にデザインされます。この2つの課題の考え方は、佐藤学先生の「学びの共同体」の授業ビジョンから学んだものです。

図を見て下さい。「共有の課題」は、子どもたちみんなに、教科書レベルの内容を理解させるために取り組む課題です。授業の前半にグループでていねいに取り組みます。「ジャンプの課題」は、子どもたちを、教科や教材の本質に出会わせるための課題です。教科書レベルを超えた内容を、授業の後半にグループで取り組みます。

「ジャンプの課題」は、正解にたどりつくかどうかよりも、課題に取り組むことに意味があります。つまり、正解に到達して「教科の本質」「教材の本質」に出会うのではなく、取り組む課程そのものが「教科の本質」「教材の本質」に出会う機会となるのです。したがって、教室のすべての子どもたちが正解にたどりつけるかどうかは問題ではありません。全員が「答えを出せなかった」で終わってもかまわないのです。

「教科の本質」「教材の本質」を考える

　「学び合う教室文化づくり」で追究する「学び合い・育ち合う授業」は、教科書の内容をわかりやすく説明する授業でも、効率的に知識を詰め込む授業でもありません。「学び合う教室文化づくり」で追究しているのは、子どもたちが「教科の本質」や「教材の本質」に出会い、子どもたちを「深い学び」に導く授業です。そういう授業の要になるのが「ジャンプの課題」です。「聴き合う関係」で結ばれた子どもたちが「ジャンプの課題」を「対話的に学ぶ」ことで「深い学び」が実現するのです。

　「教科の本質」「教材の本質」とは何でしょう。大学の研究者ならば、それぞれの教科や教科の背後にある学問の膨大な文献を読み、それぞれの「本質」を言葉にするでしょう。しかし、わたしたち教育現場に生きる教師の方法は違います。わたしたちは、教育現場で自らの教育実践づくりや、仲間の教師や先輩教師の実践から学んだことをもとに、「教科の本質」や「教材の本質」を考え言葉にするのです。

　教育現場に生きる教師が「教科の本質」について考えたいと思ったなら、文献やネット情報のなかに答えを探そうとするのではなく、まずは同じ学校の仲間や近隣の学校の仲間たちと、教科や教材の本質について「対話的な学び」をすることを勧めます。

　もちろん、1回や2回の「対話的な学び」で「教科の本質」にたどり着くことはできませんが、そこにたどり着くかどうかは問題ではありません。「教科の本質」を常に問い続けることが大切なのです。「ジャンプの課題」をつくる時に、「○○科の本質は何か」と意識していることが重要なのです。

　具体的な取り組みとして、1年に何回かある校内研修で、「教科の本質」を考える機会をつくってみましょう。教科担任制でない小学校ならば、「社会科の歴史教育の本質は何か」「国語科の文学教材の教育の本質は何か」「音楽科の合唱教育の本質は何か」……と1つか2つのテーマに絞り、みんなで「対話的な学び」をやってみるのです。そこに中学校や高等学校の教師が参

加すれば、より豊かに学び合えると思います。

　ベテランの教師は、それまでの教職経験から「教科の本質」について語ることができます。多くの教師は大学で、文学や歴史学・物理学・体育学……などを学んでいます。また、大学時代の専攻には関係なく、教育現場で、特定の教科や教材に専門的な知見を蓄えてきた教師もいるはずです。そういう経験のなかから「教科の本質」を考え言葉にするのです。

　反対に、採用1年目の教師は、数か月前まで大学や大学院で出会った最新の研究をもとに「教科の本質」を語ることができるでしょう。また、数か月の教師経験のなかで感じた素朴な疑問が「教科の本質」を考えるヒントになるかもしれません。ベテランの教師があたりまえだと思っていたことでも、素朴な質問がきっかけとなって、より深く考えることもあります。

　いつもは、「どう指導するか」「どう授業を組み立てるか」ということを話題にしている研究会で、時には「教科の本質は何か」「この教材の本質は何か」と考え、言葉にしてみるのです。

　わたし自身、自ら提案して、同じ地域の小中学校に勤務する教師たちと、「社会科の本質」について考えたことがあります。中学校で社会科を担当する教師と、社会科教育研究に取り組む小学校教師とが参加する10人ほどの研究会でしたが、とてもよい時間を過ごせたと思います。その時間を通して、それぞれの教師が自分の考える「社会科の本質」を意識することができたと思います。

「社会科（歴史学習）の本質」を考えてみた

　「教科の本質」とは何か、具体例として、わたしが考え言葉にした「社会科（歴史）の本質」について紹介します。30年近い経験のなかで、2023年の12月現在たどりついた、わたしが言葉にできる社会科（歴史学習）の本質です。

　（1）古屋が考える社会科（歴史学習）の本質

① 「むかし」（過去）を学びながら、「いま」（現在）のことや、「これから」（未来）のことにつなげた見方や考え方をしている。過去・現在・未来という視点で歴史と出会い対話する。

② 中央の歴史（教科書の歴史）を学びながら、郷土の歴史（山梨の歴史）とつなげた見方や考えをしている。中央と地方（郷土）、教科書の歴史と郷土の歴史という視点で歴史と出会い対話する。

③ 歴史に名前を残した人物（歴史上の人物）を学びながら、無名の人々（民衆）とつなげた見方や考えをしている。有名な人物と無名の人物、歴史上の人物と民衆という視点で歴史に出会い対話する。

④ 「歴史」と「わたし」「わたしたち」とを結びつけながら「歴史」と出会い対話する。

⑤ その時代に身を置き、その時代の人物になったつもりで「歴史」と出会い対話する。

⑥ 原因と結果という視点で「歴史」と出会い対話する。

⑦ 「歴史」との出会いと対話の経験を「わたし」の言葉で表現し、仲間との「対話的な学び」によってその「歴史」を語る言葉に磨きをかける。

　簡単に言えば、社会科（歴史学習）は、子どもたちに以下の6つの考え方を育てる教科であるということです。

（2）古屋が考える社会科（歴史）で子どもたちに育てる考え方
① 過去・現在・未来という考え方
② 中央と地方（郷土）、教科書の歴史と郷土の歴史という考え方
③ 有名な人物と無名の人物、歴史上の人物と民衆という考え方
④ 「わたし」「わたしたち」という考え方
⑤ その時代に身を置くという考え方
⑥ 原因と結果という考え方

　社会科の授業を通して子どもたちがこれら6つの考え方で歴史に向き合い、

⑦「わたし」の言葉で歴史を語り、仲間との「対話的な学び」によって歴
　史を語る言葉に磨きをかける

ことにより、子どもたちは、「社会科（歴史）の本質」に出会うと考えます。
そして、そういう「教科の本質」に出会う授業ができた時、「深い学び」が
生まれたと言うことになるのです。

「ジャンプの課題」をどうやってつくるか

　「深い学び」を実現するには、「ジャンプの課題」が不可欠です。「聴き合
う関係」で結ばれた子どもたちが「ジャンプの課題」を「対話的に学ぶ」こ
とで「深い学び」が実現するのです。その「ジャンプの課題」をどうやって
つくるのか。2つの小学6年生の社会科（歴史学習）実践を例に紹介しまし
ょう。

　1つめは、豊臣秀吉の「朝鮮出兵」の授業（2021年度）です。

（1）朝鮮出兵

　「朝鮮出兵」とは、16世紀の終わりに豊臣秀吉が明を征服するために、2
回にわたって朝鮮半島で行った侵略行為です。1592年4月に始まる1回めの
出兵（文禄の役）では、16万の大軍と鉄砲を使った戦いで朝鮮軍をやぶり、
5月3日には現在のソウルをおとしてピョンヤンまで侵攻しますが、明の援
軍や朝鮮の人々の抵抗で休戦をよぎなくされ、1593年に兵を日本に引きあ
げます。1597年の2回めの出兵（慶長の役）では、14万の大軍を朝鮮に送り
ますが、1年後には7万5000人になってしまうほど敗北します。豊臣秀吉が
死んだことにより、1598年に兵を日本に引きあげます。

　この「朝鮮出兵」について、教科書には以下の2つの記述があります。

> 　国内を統一した秀吉は、中国（明）を征服しようと考え、2度に
> わたって朝鮮に大軍を送りました。しかし、朝鮮の人々の激しい抵
> 抗や中国の援軍により、やがて秀吉軍は行きづまり、秀吉が病死す
> ると、大名たちは朝鮮から引き上げました。
> 　………
> 　有田焼　朝鮮で戦った大名の中には、焼き物の職人など、朝鮮の
> 人々を連れてきた者がいました。それらの朝鮮の人々を通して、高
> い技術が日本に伝えられました。有田焼（佐賀県）や萩（山口県）
> など、各地で焼き物の生産が始まり、現在まで受けつがれていま
> す。　　　　　　　　　　（『社会科教科書6年社会』教育出版）

　教科書の文章を解説しているだけでは「深い学び」は生まれません。「ジャンプの課題」を4人グループの「対話的な学び」で考えることで、「深い学び」が実現するのです。

(2)「ジャンプの課題」づくり

　多くの子どもたちは、教科書に出ている歴史上の人物のことを「すごい人物（偉人）」と考えます。豊臣秀吉も、百姓から天下を統一した「すごい人物」だと考えます。そのため、多くの子どもたちが、無意識に豊臣秀吉の立場で「朝鮮出兵」と出会い対話をします。明を征服しようとした「朝鮮出兵」を英雄的な行為と捉え、「負けてしまったのは残念」と感じる子どももいます。有田焼に関する記述も、秀吉の朝鮮出兵があったから有田焼をはじめとする各地の焼き物が生まれたのだと、侵略行為にプラスイメージを重ねる子どももいます。そういう考え方を変えることが「深い学び」のための授業デザインの出発点になります。

　「朝鮮出兵」の授業をデザインするなかで、わたしは前述した次の2つの「社会科（歴史学習）」の本質に迫ることができると考えました。

194

③ 歴史に名前を残した人物（歴史上の人物）を学びながら、無名の人々（民衆）とつなげた見方や考えをしている。有名な人物と無名の人物、歴史上の人物と民衆という視点で歴史に出会い対話する。

⑤ その時代に身を置き、その時代の人物になったつもりで「歴史」と出会い対話する。

「ジャンプの課題」では「耳鼻塚」を入り口に、秀吉軍が行った「耳削ぎ・鼻削ぎ」を取り上げることにしました。秀吉軍は、戦いにおける手柄の物的証拠として、朝鮮半島の人々の耳や鼻を切り取って日本に送らせました（国内においても戦国時代にしばしば行われたことです）。その耳や鼻を埋めて供養したのが、京都にある「耳鼻塚」です。

「耳削ぎ・鼻削ぎ」の歴史については教科書では扱っていません。参考にしたのは、数年前に教材研究をするなかで見つけた『耳削ぎの日本史』（清水克行、洋泉社歴史新書、2015年）という本です。

こうして、「ジャンプの課題」を、

> 朝鮮出兵を朝鮮の人々はどううけとめたか

としました。

また、授業の前半で教科書の内容に出会わせる「共有の課題」を、

> 秀吉の朝鮮出兵について調べよう

としました。

授業の前半、「共有の課題」に取り組ませる時に意識したのが、教科書にある有田焼や萩焼などの「焼き物」に関する記述です。それらは、朝鮮出兵で連れてこられた朝鮮の技術者によってもたらされたものです。

有田焼や萩焼などの「焼き物」と「耳削ぎ・鼻削ぎ」との共通点は、どちらも「残したものである」ということです。「焼き物」は伝統技術としての

「コト」を残し、「耳削ぎ・鼻削
ぎ」は朝鮮半島に生きる人々の
日本に対する意識を残しました。
どちらも過去から現在まで継承
されているものであり、今後未
来に向けても継承されていくも
のだと考えました。

耳鼻塚
（民団大阪「民団ニュース」2013年10月18日より）

　このように考え、授業のタイ
トルを「朝鮮出兵は何を残した
か」としました。

　「共有の課題」で、子どもたちは、教科書の記述や資料集の記述から「朝
鮮出兵」の概要を学びました。

（3）「ジャンプの課題」に取り組む

　いよいよ「ジャンプの課題」です。

　「耳削ぎ・鼻削ぎ」の資料として、1番初めに子どもたちに出会わせたの
が、京都にある「耳鼻塚」の写真です。

　写真のなかの「耳鼻塚」と書かれた部分を隠して提示し、子どもたちに
「朝鮮出兵」とのつながりを想像させました。子どもたちは、写っている
人々の服装や横断幕の文字から韓国とのつながりを想像しました。また、塚
の上の五輪塔から、朝鮮出兵で死んだ人の墓であると想像した子どもたちも
いました。写真に写るものが何かあかさないまま、次の資料を配りました。

　子どもたちに配ったのは、「朝鮮出兵」のことが詳しく書いてある読み物
プリントです。それをグループで読みながら、子どもたちはより詳しく「朝
鮮出兵」について知ることになります。しかし、プリント資料のなかに「耳
鼻塚」の説明があるわけではありません。

　そこで、伏せていた写真の「耳鼻」の文字を明らかにし、さらに「耳鼻
塚」が何かを予想させた上で、最後の資料として、『耳削ぎの日本史』のな

かで紹介されていた「鼻受け取り状」を、子どもたちに配り、グループで読ませました。子どもたちは、自分たちで読み取った「鼻数」などの文字から想像をふくらませていきます。そして、最後に秀吉軍の行った「耳削ぎ・鼻削ぎ」という侵略行為にたどりつくことができました。

驚いている子どもたちに、次のように話します。

「今日の授業テーマは、『豊臣秀吉の朝鮮出兵は何を残した？』だったね。有田焼などの技術が日本に伝わったということだけじゃないよね。朝鮮半島に住んでいた人々に何を残したのかな？　耳鼻塚のことから、秀吉の朝鮮出兵を、朝鮮半島の人々はどううけとめたのか、朝鮮出兵が何を残したか考えよう」

ここで子どもたちは「朝鮮出兵を朝鮮の人々はどう受けとめたか」という「ジャンプの課題」と向き合います。そして、4人グループの「対話的な学び」を通して、それぞれ自分の言葉をつくり始めます。

朝鮮出兵という歴史を、「歴史上の人物（偉人）」である豊臣秀吉の立場で捉えているかぎり、子どもたちにとっての秀吉の朝鮮出兵は、英雄的な行為のままです。しかし、朝鮮半島に住んでいた普通の人々の立場で考えた時、英雄的な行為という見方はできなくなります。

ある日、外国から秀吉の軍隊がやってきて、建物を焼きはらい、ものを盗み、家族を連れさり、家族を殺していくのです。秀吉の軍隊は、自分の手柄（何人殺したか）を証明するために、殺した人たちから耳や鼻を削ぎます。生きた人間の耳や鼻を削いだという話もあります。

そういう歴史を知り、歴史と対話することで、子どもたちは社会科（歴史学習）の本質的な「深い学び」を経験するのです。この経験は、これからの朝鮮半島に限らず、アジアとの関係を考える上でも大切になるのだと思います。K-POPなど韓国の文化に直接接する時や、ニュース等で日韓関係の話題にふれる時、秀吉の朝鮮出兵のことが頭に浮かべることができる子どもたちを育てたいものです。

（4）子どもたちは「朝鮮出兵」の授業で何を学んだか

2021年10月22日に、身延小学校6年生に行った朝鮮出兵の授業で、36人の子どもたちは何を学んだのでしょうか。子どもたちが書いた「歴史日記」（第3章実践12）を読めば、子どもたちがこの授業で何を学び、何を学ぶことができなかったのか、そして「深い学び」が生まれていたのかどうかがわかります。

璃香は次のような「歴史日記」を書いていました。

> 　共有課題では、朝鮮出兵と焼き物はどういう関係かを考えました。日本の大名が朝鮮の職人をつれてきて焼き物文化が生まれました。私は<u>かってに職人をつれてきて</u>、朝鮮のえらい人は許したのかなと思いました。1回めの出兵の文禄の役で、朝鮮軍を鉄砲でやぶっているから、<u>その勢いにおされてしまったんじゃないか</u>なと思いました。朝鮮は鉄砲をつくっていませんでした。Kさんが「なんで焼き物の職人などをつれてきたのかな」と言っていました。国を発展させるためなんじゃないかなと思いました。
>
> 　ジャンプ課題では、朝鮮の人になって朝鮮出兵を考えました。資料を読んだら、朝鮮の人の鼻耳を切って手がらにしていたことがわかりました。<u>いきなり来て、人々が鼻をどんどん切られていくのは、こわいし、自分もなると思うとふるえがとまらなくなってしまう</u>と思います。Aさんが「うらみがある」と言っていて、<u>やっぱり国をだめにしたり、家族や友達を殺されてしまったりつらかったん</u>だなと思いました。2回めの出兵は敗北に終わってしまっているけど、それは<u>朝鮮のえらい人が「このままじゃだめだ」</u>と思って武器を作ったり、人を集めたりしたのかなと思いました。もしそうだったら、<u>そうとうなうらみを感じられる</u>なと思いました。〔璃香〕

豊臣秀吉軍の行った「耳削ぎ・鼻削ぎ」という侵略行為を知り、それを秀

吉の立場ではなく、朝鮮の人々（民衆）の立場になって考えている璃香には、この授業は「深い学び」が実現していたと言えるでしょう。

教科書教材から「ジャンプの課題」をつくる

「『ジャンプの課題』のつくり方がわからない」、「『ジャンプの課題』をどうやってつくったらいいのか」という質問をされることがあります。

社会科の場合、教材研究のなかで出会った情報をヒントに「ジャンプの課題」をつくることが多いのですが、教科書教材からつくることもあります。「社会科の本質」を意識しながら教材研究をすることにより、教科書教材のなかに「ジャンプの課題」が見えてくるのです。教科書教材から「ジャンプの課題」をつくった例として、小学6年生社会科の「青い目の人形」の授業を紹介しましょう。

（1）青い目の人形

社会科教材として取り上げられる「青い目の人形」とは、昭和の初め、日米関係が悪化するなか、日本とアメリカの親善を図りたいと考えたアメリカ人宣教師のシドニー・ギューリックによって日本に贈られた人形のことです。この話は教科書に出ています。

日本には、12,739体の友情人形が贈られました。贈られた人形は「青い目の人形」とよばれ、贈られた学校では歓迎会を行うなど大切にされました。そのお礼として、日本でも子どもたちからお金を少しずつ集め、日本人形をアメリカに贈りました（答礼人形）。

しかし、日米戦争が始まると、「青い目の人形」は「敵国の人形」ということで、竹槍訓練に使われたり焼かれたりしました。現在、国内に「青い目の人形」が残されていますが（山梨県内では5体が確認）、それらは、「竹槍の訓練に使ったり、焼いたりするのはかわいそうだ」と考えた当時の人たちによって守られたものです。

（2）教材研究

　教科書で紹介されている「青い目の人
形」で、「深い学び」のある授業を実現す
るにはどうしたらいいのか。教科書に書い
てあることをわかりやすく・楽しく解説す
るだけの授業では、「深い学び」は生まれ
ません。「深い学び」を実現するためには、
「社会科（歴史学習）の本質」に導く「ジ
ャンプの課題」に取り組ませることが必要
です。

青い目の人形
（大分県日田市願正寺HPより）

　まず、「青い目の人形」の歴史教材としての「本質」を考えてみましょう。
教科書の記述を読んでいるだけではたりません。教材研究のために、ネット
で「青い目の人形」についての情報を集め、関連する本を読みます。

　「青い目の人形」にかんしてわたしの手元にある資料は、山梨県立博物館
が行った「青い目の人形」の企画展の資料、『人形たちの架け橋』（武田英子、
小学館文庫、1998年）、『青い目の人形と近代日本』（是澤博昭、世織書房、2010
年）などの書籍、そして関連する新聞記事です。これらは一度に揃えたもの
ではなく、何度か6年生の社会科の授業づくりをするなかで揃ってきたもの
です。佐藤学先生は、教材研究として、最低でも新書1冊程度は読んでおく
ことを勧めています。そういう教材研究を積み重ねてきた結果です。

　「社会科（歴史学習）の本質」を意識しながら教材研究を進めていると、
「ジャンプの課題」はもちろん、授業をデザインする上で「おもしろそうだ」
と思うところで立ち止まります。そこで「この資料を見せたら子どもたちは
どう反応するだろう」「これについて子どもたちはどんな考えを持つのだろ
う」……子どもたちの顔を思い浮かべて想像します。さまざまな授業のイメ
ージが頭のなかに描けてきて、「これぞ『青い目の人形』の教材としての本
質ではないか」と思えることが頭のなかに浮かんできます。

　収集した「青い目の人形」の資料のなかで、授業デザインにもっとも大き

な影響を与えた資料が新聞の記事です。そこでは、わたしが勤務する身延小学校学がある身延町に住んでいた元教師が「青い目の人形」を焼いた経験を語り、山梨県甲府市の元教師が、「青い目の人形」を守ってきたことを語っていました。どちらもネット検索をするなかで見つけた記事でした。

　この記事や「青い目の人形」関係の書籍を読むなかで、「青い目の人形」の授業では子どもたちが、先に紹介した7つの「社会科（歴史学習）の本質」のなかの、以下の4つの「本質」に出会うことができるのではないかと考えました（191ページ参照）。

① 「むかし」（過去）を学びながら、「いま」（現在）のことや、「これから」（未来）のことにつなげた見方や考え方をしている。過去・現在・未来という視点で歴史と出会い対話する。

② 中央の歴史（教科書の歴史）を学びながら、郷土の歴史（山梨の歴史）とつなげた見方や考えをしている。中央と地方（郷土）、教科書の歴史と郷土の歴史という視点で歴史と出会い対話する。

④ 「歴史」と「わたし」「わたしたち」とを結びつけながら「歴史」と出会い対話する。

⑤ その時代に身を置き、その時代の人物になったつもりで「歴史」と出会い対話する。

(3) 授業デザイン

　授業では、子どもたちに、以下の2つのことに出会い・対話させたいと考えました。

　1つは、戦争が人々の心に大きな影響を与えるということです。親善のために贈られ、大切にしてきた人形を、竹槍で突いたり焼いたりしてしまおうと考えることです。「アメリカ憎し」の気持ちで突いた子どもたちもいれば、心の痛みを押し殺して人形を焼いた子どもたちもいたことでしょう。戦争が子どもたちの心に大きな影響を与えることの恐ろしさを物語ります。

　子どもたちは「戦争は怖いものだ」ということを言葉にすることはできます。しかし、子どもたちが「怖い」と考えるのは、空襲や戦闘で多くの人が死に傷つくことです。国語の時間に「ちいちゃんのかげおくり」や「1つの花」を学んでいても、人の心に大きな影響を与える怖さに気付いている子どもたちは多くはいません。戦争が人の心を支配する怖さは、戦争を知るうえで大切だと考えます。

　子どもたちに出会い・対話させたいもう1つのことは、竹槍の訓練に使われたり焼かれたりすることを免れた「青い目の人形」が存在することです。「人形を焼く」という時代の大きな力に逆らって、人形を隠し守ってきた人がいたという歴史です。

　平和な世の中で「戦争反対」を言葉にし行動することは難しいことではありませんが、戦時下でそれをすることは容易なことではありません。そういう人々がいたということも、歴史の1つとして、子どもたちには伝えたいと考えました。

　このように、親善の象徴である人形を竹槍で突いたり焼いたりする心と、そこから人形を守ろうとする心と、戦時下に生きる人々の2つの心に出会うことができるのが、「青い目の人形」の教材としての本質であると考えました。

　戦時中の時代に身を置き、その時代の人物（子どもたちや教師たち）になったつもりで、「青い目の人形」に対する2つの心に出会い対話することで、子どもたちを「深い学び」に導くことができるのではないかと考えました。

（4）ジャンプの課題から授業へ

　以上の教材研究をふまえ、「ジャンプの課題」を

> 　戦争は、子どもたちの心にどんな影響を与えたのか

としました。

　「ジャンプの課題」に取り組むにあたり、授業では「青い目の人形」にか

んする3つの資料を用意しました。

　1つめの資料は、「青い目の人形に」について知るための「読み物プリント」です。関係する書籍や県立博物館の企画展資料などを参考にしてつくりました。「青い目の人形」についての総括的な説明と、山梨県内の情報なども盛り込みました。

　2つめの資料は、新聞に掲載された「青い目の人形」に関する記事をもとに作成したプリント資料です。記事のなかで、実際に人形を焼いた体験を語っているのは、学校のある身延町に住んでいた元教師です。新聞記事を、子どもたちに読みやすいように言葉や表現を変えたり補足の説明を加えたりして、1枚のプリント資料にしました。

　3つめの資料は、県内に残っている「青い目の人形」について、どのような経緯で竹槍の訓練や焼かれることから免れたかを取り上げた記事です。語っているのは、山梨県内に住む元教師です。この記事も、2つめの資料と同じように1枚のプリント資料にまとめました。

　子どもたちは3つの資料をグループで読み合いながら、当時の子どもたちや教師たちの気持ちを想像し、戦争が子どもたちの心にどんな影響を与えたのか考え、自分の考えを言葉にしていました。

(5) 子どもたちは「青い目の人形」の授業で何を学んだか

　この授業で子どもたちは何を学んでいたのか、この授業で「深い学び」が実現していたのか、恵子（2017年度）の「歴史日記」を見てみます。

　　今日の社会の共有課題では、戦争中、子どもたちはどんな生活を送っていたのか教科書や資料集を読みました。そのなかの戦争の訓練の写真では、男子が攻撃の訓練をしていて、女子はけがをした兵士を運ぶ訓練をしていました。男子の訓練はわかるけれど、女子がけがをした兵士を運ぶ訓練をしていたというのは知りませんでした。
　　ジャンプ課題では青い目の人形を焼いたり竹やりでついていた子

どもたちの気持ちを想像しました。まず、青い目の人形とは何か資料を見ました。昭和の初めごろ、日本とアメリカの仲を良くするために、アメリカの宣教師のシドニー・ギューリックが日本に人形をおくる計画を立てました。そして友好のために、青い目の人形が、アメリカから日本に12739体おくられてきました。そのお礼に日本からは答礼人形をおくりました。その後に戦争が始まりました。身延町上田原に住んでいる二宮美仁さんは、校長先生に命令されて青い目の人形を燃やしました。二宮さんや女子たちは、人形に火がついてほしくないと考えていましたが、先生に「早く燃せ」と言われて泣きながら燃やしました。この資料を読む前に、子どもたちの気持ちを想像しました。

　私は、燃やしたくないけれど、先生におこられてしまうと思ったから燃やしたのかなと思いました。私の考えと資料を比べると似ているなと思いました。私だったらそう思うけれど、自分の意識で燃やした人もいたのだろうなと思いました。

　次に、今でも残っている人形はなぜ残っているのか考えました。私は、校長先生が燃やすことに反対していて、学校では校長は1番えらいので、燃やされなかったと考えました。山中あかりさんは、校長先生がかくしていたと考えました。ほかには、燃やしたとうそをついて、子どもたちがかくしたという考えもありました。資料には、甲府市立相川小学校の校長先生、山本先生のことが書いてありました。山本先生は、「何の罪もない人形のお友だちを焼き捨てることは人道博愛の精神からできない。職員や児童と話し合って、しばらく人目のつかない倉庫に保存することにした」ということで、青い目の人形ジェネラちゃんは戦後まで残ったということがわかりました。これは、山中あかりさんの考えがあたっていたと思いました。ほとんどの人形が燃やされてしまったなかで、国の意見に反対して人形を守った勇気はすごいと思いました。

> 　今日の授業でわからなかったことは、青い目の人形などは、女の
> 子しかいないのかということでした。ほかには、<u>アメリカにおくっ
> た答礼人形はどうなったのか</u>ということでした。　　　　〔恵子〕

　教科書の教材からでも「ジャンプの課題」をつくることができ、「深い学
び」を実現することはできます。もちろん、教科書の記述のみで「ジャンプ
の課題」をつくることはできません。どのような教材でも、「社会科の本質」
を意識しながら教材研究を行うことで、「ジャンプの課題」が見えてくるの
です。そして、「ジャンプの課題」を追究するための資料を準備することが、
教師の大きな役割になるのです。

難しいことに挑戦する楽しみ

　「『ジャンプの課題』づくりは難しい」と言いながらも、「ジャンプの課題」
を考え、「深い学び」に挑戦する教師たちがいます。わたしもその1人です。
難しいことに挑戦し続ける原動力となっているのは、「ジャンプの課題」に
向き合う子どもたちの姿です。理解力の高い子どもたちも、理解に時間がか
かる子どもたちも、共に夢中になって学ぶ姿に魅了されるからです。

　「ジャンプの課題」づくりはたしかに難しいですが、難しいのは「ジャン
プの課題」づくりに限ったことではありません。「教科の本質」や「教材の
本質」を考えて言葉にすることも難しいですし、ベストな発問を考えるのも
難しい……そもそも教師の仕事そのものが難しいと考えれば、「難しさ」は
問題ではなくなります。「難しい」と言っているだけでは何も生まれません。
「難しい」は一歩を踏み出さない理由にはならないのです。

　「難しい」けれど一歩を踏み出すことが大切です。あたりまえのことです
が、「難しい」ことでも何度か挑戦しているうちに「できる」ようになりま
す。しかし、「できる」ようになったとしても、その先の「難しい」に向き
合うようになります。なぜ、「難しい」に向き合い続けるのかと問われれば、
「おもしろいから」としか答えられません。

　多くの教師はとても真面目です。何かを始めようとする時も、万全の準備をしてから行動に移そうとします。同じように「学びの共同体」の理論をしっかり理解してから「ジャンプの課題」に取り組もう……などと考る教師もいると思います。しかし、それではいつまでたっても実践することはできません。わたし自身、30年近く「学びの共同体」の理論を学んでいますが、今でも完全に理解しているわけではなく、現在も学び続けています。

　教育現場に生きる教師が理論を学ぶもっともよい方法は、大学の研究者のように書籍や論文をすべて読み解いて理解しようとするのではなく、自らの実践につなげながら理解しようすることです。たとえ1%しか理解していなくても、その1%を自分の実践に生かしてみることによって学ぶのです。わたしはそういう姿勢で「学びの共同体」理論を学び、「学び合う教室文化づくり」の実践を積み重ねてきました。

　書籍で「学びの共同体」理論を学びながら「これは実践に活かせる」というものに出会ったら、積極的に自分の実践に生かすことを勧めます。

「ジャンプの課題」で「深い学び」に挑戦しましょう

　「深い学び」を実現したいと考えたら、授業で「ジャンプの課題」をグループの「対話的な学び」で取り組ませてみましょう。

　「ジャンプの課題」は教科書のレベルを超える課題です。すべての教科で、その本質に迫るような課題を考えたり選択する必要があります。社会科や理科などでは、課題に取り組ませるための資料の準備も必要です。「これは難しい。簡単に手を出すことはできない……」と思ってしまうでしょう。わたしもそう考えたことがありました。

　以下では、わたしの経験をふまえ、気軽に「ジャンプの課題」を中心にした授業づくりに取り組める方法を4つ紹介します。

（1）他実践の「ジャンプの課題」を参考にする

　考えて頭を悩ませているより、さまざまな実践の「ジャンプの課題」を、

自分の授業で取り上げてみましょう。たとえば、わたしは以下のような方法で「ジャンプの課題」を見つけています。

- ▶ 佐藤学先生や石井順治先生、「学びの共同体研究会」のスーパーバイザーの先生方の書籍
- ▶ 石井順治先生の「学びのたより」(東海国語教育の会のHPで、バックナンバーも含め閲覧)
- ▶「学びの共同体」研究会全国大会(1年に1回冬に開催されます)への参加
- ▶「授業づくり・学校づくりセミナー」(1年に1回夏に開催されます)への参加
- ▶ 全国各地で開催されている学びの会への参加
- ▶ 佐藤学先生・石井順治先生・学びの共同体研究会のスーパーバイザーの先生方などが関係している学校の公開研究会(学びの共同体研究会HPで確認できます)への参加

その他にも、ネット検索や入試問題集などからも、さまざまなアイデアをもらうことができると思います。

(2) 思いつきでやってみることもある

　子どもたち自らが課題を発見する授業を理想と考える教師がいます。そういう教師は、「ジャンプの課題」は、子どもたちが自らたどりつくものと考えます。

　わたしは「子どもたちが自ら課題を発見する」ことにこだわりません。「この授業で子どもたちにこの課題に取り組ませたい」、「この課題を子どもたちはどんなふうに考えるだろうか」……そんなふうに、わたしが「ジャンプの課題」を考え、授業で子どもたちに取り組ませます。

　しかし、授業のなかで、あらかじめ準備していた「ジャンプの課題」が変わることがあります。それがよくあるのが国語の文学的な作品の授業です。

「ジャンプの課題」で取り上げようと考えていた表現や言葉より、子どもたちが立ち止まった表現や言葉の方がおもしろいと思った時などです。そういう時は、「ジャンプの課題」を変えます。これは算数や社会でもしばしばあります。授業をしていて「そっちの方がおもしろいと思った時」、その場の思いつきで「ジャンプの課題」にするのです。

（3）「ジャンプの課題」に取り組ませるための時間を確保する

　教科書の隅から隅まで教師が説明するような授業をしないように心がけましょう。「ジャンプの課題」に取り組む時間を確保するためです。教科書を読めば答えられるようなことをくどくど説明したり、答えさせるような授業をしている限り、教科書のレベルを超える「ジャンプの課題」に取り組むことはできません。また、そういう授業は、理解力の高い子どもたちはもちろん、理解に時間がかかる子どもたちにも敬遠されます。

　理解に時間がかかる子どもたちには、教科書のレベルを超える課題に「取り組ませるのは無理だと考えて、低いレベルの課題を繰り返し練習させることもしません。理解に時間がかかる子どもたちは、低いレベルの課題の繰り返しより、仲間と「ジャンプの課題」に取り組んでいる方が生き生きと学びます。子どもたちが、高いレベルの課題を仲間と考える過程で、基礎レベルの学習をしていることはよくあります。

　「ジャンプの課題」に取り組ませるために、授業の前半は教科書の内容を取り上げます。教科書レベルの内容を学ぶ「共有の課題」を、グループで取り組ませます。わたしは、グループで教科書や資料の読み合いをさせて「共有の課題」を考えさせます。教師が教えるべきことは教えます。こうして、授業後半に「ジャンプの課題」にじっくり取り組ませるのです。

（4）「ジャンプの課題」という言葉を共有する仲間をつくる

　「昨日、元寇の授業をしたよ」
　「ジャンプの課題は何にしたの？」

208

「『やまなし』の12月の場面に入ったよ」

「ジャンプの課題で取り上げたのはどこ？」

　このような会話が、職員室で交わされるようになればいいと思います。まずは同じ学校の教師たちとこういう関係をつくりたいものです。1つの教科について専門に学び合う研究会に所属しているのであれば、そこで積極的に「ジャンプの課題」という言葉を使ってみるのもいいでしょう。

　教科や教材の本質について語り合うと共に、「ジャンプの課題」について語り合いながら、教科や教材の本質について考えることも大切です。

　「ジャンプの課題」という言葉が通じない教師もいるかもしれませんが、そういう教師のなかにも関心を示す人は必ずいます。小学校では教科担任制ではありませんが、同じ学校や近隣の学校には、長年、1つの教科や領域について実践研究を積み重ねてきた方々がいます。退職された教師のなかにも「作文の○○先生」「わかる算数の○○先生」「合唱の○○先生」「仮説実験授業の○○先生」……と言われてきた人々がいるでしょう。

　そういう教師に、たとえば次のように問いかけてみましょう。

「元寇の授業で、子どもたちが夢中になるのは何ですか？」

「『やまなし』の12月の場面で、先生が1番取り上げたい表現や言葉は何ですか？」

　「ジャンプの課題」という言葉を共有していなくても、「教科の本質」「教材の本質」に出会い、「深い学び」へ導く課題づくりのヒントをもらうことができます。

書き込みがしてある教科書を繰り
返し読む

実践・11

教科書の読み方
● 45分で完結しない授業文化づくり（1）

「教える」べきことは教える

　教科の学習において、教師が何もしていないのに、子どもたちが「主体的・対話的で深い学び」を実現していたとします。そういう教師を「スーパー教師」と呼ぶのは自由ですが、わたしは、現実の教育現場にそのような教師がいるとは思いません。目にした45分の授業で教師が何もしていないように見えたとしても、その教師は、目にしなかったところで「教え」「指導」していたはずだとわたしは考えます。わたしの30年近い教職経験のなかで、何もしないで子どもたちを「深い学び」に導く教師に出会ったことはありません。

　わたしが教師の仕事として心がけてきたことは、「教える」べきことは「教える」、「指導」すべきことは「指導」するということです。

　近年「教える」という言葉より「支援する」という言葉の方が好まれる傾向が教育現場にあります。「支援」に比べると、「教える」「指導する」という言葉には強い響きがあります。しかし、教育には、「教える」「指導する」という言葉の方がふさわしい場面があります。以下に紹介する「教科書の読み方」も、「教える」という言葉の方がふさわしいと思います。「深い学び」

210

を実現するために必要な「教科書の読み方」は、子どもたちにしっかり「教え」「指導」したいことです。

「深い学び」のための「授業の準備」（教科書読み）と「学びのふり返り」（教科日記）

　授業づくりというと、小学校では45分、中学校では50分の時間が頭に浮かびます。そして授業をデザインするとは、この45分、50分のなかで、どんな教材を使って、どんな課題にどんな方法で取り組ませるのかを構想することだ考えます。

　しかし、わたしは、3つのSTAGEで1つの授業を考えます（図参照）。

　従来「予習」と言われてきたのがSTAGE 1です。一般的に予習と言えば、次の授業で取り上げる部分の教科書を読んだり、算数ならば、新しく学ぶ部分の問題を解いてみたりすることをイメージします。ここでわたしが着目したのが教科書を読むことです。

　STAGE 2は学校での45分のいわゆる授業です。そしてSTAGE 3は、「復習」と言われてきたものです。復習という言葉に多くの人がイメージするのは、ノートや教科書を使って授業をふり返ったり、練習問題などで学んだことができるかどうか確かめたり、定着させたりすることです。ここでわたしが着目した「教科日記」については、第3章の実践12で取り上げます。

　45分の授業で「主体的・対話的で深い学び」を実現するためには、前後のSTAGEは重要です。授業になって子どもたちが初めて教科書を開くことがあたりまえになっていて、教師が教科書の内容を逐一説明するような授業をしているかぎり、「主体的・対話的で深い学び」は実現できません。「学びから逃走する」子どもたちや「学びを偽装する」子どもたちを量産することにもなるでしょう。

　「学び合う教室文化づくり」に取り組む教室では、家庭学習で教科書を読んでおくことをあたりまえにします。豊臣秀吉の授業ならば、授業の始めに秀吉の肖像画を提示した時に、子どもたちから「豊臣秀吉」という名前が出

るのはあたりまえ、「豊臣
秀吉が行ったこと、4つ話
ができる？」という問いに、
「太閤検地」「刀狩り」「大
坂城」「朝鮮出兵」くらい
の言葉が出てくるのがあた
りまえになっていることを
めざすのです。それも、歴

```
授業の考え方
STAGE 1　（家庭）教科書読み
STAGE 2　（学校）学び合い・育ち合う授業
　　　　　　　（1）前時のふり返り、
　　　　　　　　　　または家庭学習のふり返り
　　　　　　　（2）共有の課題
　　　　　　　（3）ジャンプの課題
STAGE 3　（家庭）教科日記
```

図　授業の3つのSTAGE

史好きの子どもたちや、塾で先に学習している一部の子どもたちのあたりま
えではなく、教室のすべての子どもたちのあたりまえにしておくことをめざ
すのです。

　そのうえでSTAGE 2の「学び合い・育ち合う授業」に臨み、「深い学び」
を実現するのです。

　STAGE 3では、学校での「学び合い・育ち合う授業」の「ふり返り」を
行います。多くの教師が出す復習としての宿題は、計算練習や漢字練習など、
学習内容を定着させようとするものです。もちろん、そういう復習も必要だ
と考えますが、それ以上に大切であり必要だと考えるのは「学びのふり返
り」です。

　「学びのふり返り」は「学び直し」と言うこともできます。家に帰っても
う一度、授業をまるごとふり返るのです。結果として学んだ「知識」や「問
題の解き方」をふり返るだけでなく、どのようにその「知識」や「問題の解
き方」にたどり着いたのか、自分たちは課題にどう向き合ったのかなど、
「学び」の過程を丸ごと思い出すことが、わたしが考える「学びのふり返り」
です。その「学びのふり返り」に最適なものとして、子どもたちに取り組ま
せてきたのが「教科日記」です。

　「授業の準備」としての「教科書読み」と、「学びのふり返り」としての
「教科日記」の2つの実践は、「深い学び」を実現するうえで必要です。以下、
本項では「教科書読み」について紹介します。

「教科書解説型授業」の変革

　「深い学び」のある授業を実現するには、教科書のレベルを超える「ジャンプの課題」に、4人グループの「対話的な学び」で取り組ませる必要があるという話をすると、

　「対話的な学びや深い学びをしたいけれど、内容が多すぎて時間がない……」
　「グループ学習をやっていると進度が遅れてしまう……」
という反応に出会います。中学校の教師に多い反応です。

　これらの言葉のあとに続くのは「だから難しい」であり「だからできない」です。

　中学校の教師たちの多くが、「主体的な学び」にも「対話的な学び」「深い学び」にも賛成なのですが、それを実現する時間的ゆとりがないと考えているのです。中学校で5年間社会科教師として勤務し、卒業生を3回送り出した経験を持つわたしには、そういう教師たちの気持ちがわからないでもありません。中学校教師には、小学校教師の想像を超える「高校受験」の圧力がかかっているからです。

　多くの中学校教師たちと接してきて、授業について共通するイメージがあることに気がつきました。それは、その日に扱う教科書の範囲をすべて授業で取り上げるという授業イメージです。たとえば、社会科で、42ページから45ページがその日の授業の範囲だとすれば、授業では、その4ページの内容をしっかり子どもたちに説明しようとします。もちろん、50分間教師が話し続けるわけではありません。プリント資料を準備したり、一問一答式に子どもたちに答えさせるなどさまざまな工夫をしていますが、教科書の内容をすべて取り上げようとしていることは変わりません。

　時間がたりなくなって、予定していたページまでたどり着かなかった時、生徒や保護者から「学校で勉強しませんでした」と指摘されることを避けたいのでしょう。授業で取り上げなかったページから試験問題が出題されるか

もしれないという不安もあるのでしょう。そういうことを心配して、教科書の文章や、写真・図表のすべてを取り上げて説明する授業をすることが、教師の役割であると考えているようです。そういう教師には、グループ学習で課題を考えるという授業を受け入れることはできないのです。

　教科書を隅から隅まで解説する「教科書解説型授業」のイメージから離れられない教師たちは、「主体的・対話的で深い学び」という方法は、とりあえず教師の話のどこかでグループを作って「話し合い」をさせればいいという程度にしかイメージされていないと思います。しかし、それでは「対話的で深い学び」のある授業を実現することはできません。「教科書解説型授業」そのものを変えることが、わたしたち教師に求められているのです。これまで自分が行っていた解説を半分あるいは3分の1にし、「対話的な学び」を充実させるという授業ビジョンを描こうとしないかぎり、日々のスモールテストで点をとる子どもたちを育てることはできても、「深い学び」を実現することはできないのです。

「教科書解説型授業」を変えるための「教科書読み」に向き合う

　「教科書解説型授業」を変えるために取り組んでほしいのが、子どもたちに「教科書読み」の力をつける実践です。教科書の「読み方」を教えるということです。家庭学習として「教科書読み」を行うことで、授業になって初めて教科書を開く授業文化を変えるのです。教科書は家庭学習でじっくり読んでおくのがあたりまえ、授業が始まる時には、教科書に書いてあることはある程度わかっている（あるいは、「わからない」こともわかっている）という授業文化をつくるのです。それができれば、教師が長い時間をかけて教科書の内容を逐一確認するような、子どもたちにとって退屈な授業をする必要はなくなります。そして、子どもたちを「深い学び」に導く「ジャンプの課題」に取り組むことができるようになるのです。

　教科書の内容をだらだらと説明されることは、理解力が高い子どもたちにとってもそうでない子どもたちにとっても退屈であり苦痛です。教師は「授

214

業をやった・教えた」という気持ちになるかもしれませんが、子どもたちが深く考えたり、教科のおもしろさを感じたりすることはありません。「教科書解説型授業」を続ける限り、授業で「脳みそに汗をかく」ような経験をすることはできないのです。

　子どもたちに「教科書読み」の力をつけ、授業までに教科書を読んでいることがあたりまえの授業文化を育てることは、「深い学び」を実現するために必要です。しかし、「教科書読み」の大切さについて、学校現場で取り上げられることはありません。

　学校現場で行われる研究では、「主体的な……」とか「生き生きと……」「自ら……」「ICTを効果的に用いて……」など流行の言葉が好まれ、研究仮説や検証方法、エビデンスがどうのこうのと議論することに時間をかけます。そして、年に2・3回程度の研究授業をし、「研究成果」をまとめるような研究があたりまえのように行われています。そういう研究が本当に必要であると考えるならば、それは研究指定校にまかせればいいことで、すべての学校がそれに倣うことはありません。

　各学校で取り組まれる研究（校内研究）は、それぞれの学校や教師が主体性を持って、目の前の子どもたちの変革をめざしたシンプルな研究に取り組むのがいいと考えます。「授業までに教科書を読んでおく授業文化をつくる」ということや、「子どもたちに教科書の読み方を身につけさせる」といったことが研究されてもいいと思います。「教科書読みに取り組めば、子どもたちは教科書の内容を理解し、深い学びが実現するだろう」などと、どうでもいいような研究仮説をたてて、それを検証していくような「仮説検証型研究」は止めにし、教師1人ひとりが「こういう教科書を読みをしている」という実践を語り合い、お互いの実践を高め合っていく「実践研究」にしていきたいものです。

社会科教科書の「読み方」を育てる

　子どもたちに「教科書を読んできましょう」と言っているだけでは教師の

仕事は不十分です。「教科書を読んできなさい」と言うことは誰にでもできます。教師である以上、子どもたちに、「なぜ教科書を読む必要があるのか」を語ることと、「どんな読み方をすればいいのか」を具体的に教えることが必要です。

「教科書を読んできましょう」という教師の言葉を聞いて、「何回読んでくればいいですか」と訊く子どもたちがいます。小学校低学年の頃に、「〇回読んできなさい」という宿題を経験した子どもたちです。そういう子どもたちにとって、教科書を読むことは、「宿題をする（消化する）」ということです。だから、3回読みなさいと言われれば3回だけ読み、5回読みなさいと言われれば5回だけ読んで、「宿題が終わった」となります。

宿題のために教科書を読んでいるだけの子どもたちを変える必要があります。そのため、小学校の中学年・高学年になったら、子どもたちに教科書を読んでおくことで教科書の内容が理解しやすくなり、教科書以上のことを学ぶことができることをていねいに話します。その上で、「教科書の読み方」を具体的に教えます。

具体的に、これまでわたしが子どもたちに教えてきた、社会科の「教科書の読み方」を紹介しましょう。家庭学習として社会科教科書をどのように読ませたらいいか、毎年のように考え、子どもたちに教えてきた教科書の「読み方」です。

【社会科教科書の「読み方」】

　(1)「あたりまえ」読み

　(2)「なぜ・たぶん」読み

　(3)「問題づくり」読み

　(4)「キーワード」読み

　(5)「課題予測」読み

以下、それぞれの「読み方」を紹介します。

（1）社会科教科書「あたりまえ」読み

「あたりまえ」読みで、子どもたちに具体的に指導するのは以下の3つです。

① 教科書を声に出して何度も読む。みんなの前で読む自分を想像しながら読む。
② 読み方や意味に自信がない言葉にはしるしをつけ、読み方や意味を誰かに訊く。
③ 大切な言葉（太字の言葉など）について、教科書を見ながら説明できるようにしておく。

「あたりまえ」読みで大切にしているのは「声を出して何度も読む」ことです。多くの教師も取り組ませていることかもしれません。わたしは、小学生のうちは、声に出して読む練習を積ませたいと考えます。声に出すことにより、文章中の1つひとつの言葉を意識するようになると考えるからです。小学校の段階では、「これはどう読むのか？」「この言葉の意味は？」と意識させるには、目で文字を追うよりも声に出す方が有効だと考えます。

　中学校で社会科を教えていた時に、教科書が読めない生徒たちに出会い驚いたことがあります。その経験は、それまで小学校で、どちらかと言えば教科書を用いることなく、子どもたちが喜びそうな教材を用いた授業で満足していた自分を反省することになりました。楽しい授業・子どもたちが喜ぶ授業をめざしていた授業が、一方で教科書もまともに読めない子どもたちを育てていたことに気づいたのです。

　もちろん、わたしは、教科書を読むことを大切にしますが、教科書に書いてあることを逐一説明するような授業はしません。「共有の課題」も「ジャンプの課題」も、子どもたちの「対話的な学び」で取り組ませます。授業の前の家庭学習で、子どもたちは教科書の内容を把握し、そのうえで翌日の授業を迎えることになるのです。

　「あたりまえ」読みでは、教科書の本文だけでなく、写真や図表の下の小さな文字で書かれた説明まで読むように指導します。

　指導の初期に、子どもたちから、

　「何回読んでくればいいですか？」

と訊かれたら、

　「何回読むかどうかは人それぞれです。スラスラ読めるまで練習することが大切だよ。1回でスラスラ読めればそれでOK。スラスラ読めなければ10回でも20回でも練習しよう」

と答えます。そういうやりとりを何度かするうちに、子どもたちは「何回読めばいいか」という質問をしなくなります。

　文字の読み方や言葉の国語的な意味がわからない時は、誰かに訊くように指導しています。学童保育で友だちと教科書読みをするなら友だちに訊けばいいし、家では保護者や兄姉に訊くように話します。誰にも訊けない時は、その言葉に印をつけておき、翌日学校で訊くように話します。もちろん、国語辞典で調べることも話しますが、社会科教科書読みの場合、国語辞典が活躍することはそれほど多くありません。

（2）社会科教科書「なぜ・たぶん」読み

　「なぜ・たぶん」読みで、子どもたちに具体的に話すのは以下の2つです。

① 読みながら「なぜだろう」と問う。
②「なぜぜだろう」と問うたら、「たぶん……」と、自分なりに答えを言葉にしてみる。

　「なぜ・たぶん」読みは、歴史の授業になってから指導します。教科書を読みながら、「なぜ？」と問い、「たぶん」と答えを想像する「読み方」です。これは、わたしが考える社会科の教科としての特質を意識した読み方です。

　わたしは、社会科では「なぜ？」と問うことが大切であると考えます。

「なぜ？」に対する答えを導き出してきたのが社会科学であり歴史学であると考えれば、「なぜ」は社会科学や歴史学の世界への入り口になると考えます。

　教科書に書いてあることを読んで「わかった」つもりになるより、「なぜ、そうなったのか」と問いを持つ子どもに育てたいと考えます。さらに、「なぜ？」と問うたら「たぶん……」と続け、自分なりの答えを言葉にしようとする態度を身につけさせたいと考えます。

　もちろん、「なぜ・たぶん」読みでの答えは正解である必要はありませんし、答えをみつけるためにさまざまな資料にあたる必要もありません。読んでいるその場で頭に浮かぶ答えでいいし、「まったくわからない」という答えでもかまいません。子どもたちのなかには、自分で納得がいくまで「なぜ？」の答えを追究する人もいますが、すべての子どもたちにそれを求めないようにします。大切なことは「なぜ」と問うことです。

(3) 社会科教科書「問題づくり」読み

「問題づくり」読みで、子どもたちに具体的に話すのは以下の2つです。

① 教科書に書いてあることを使って問題をつくり、その答えもつくる。
② 自分のつくった問題の答えを、「ここに書いてある」と教科書のなかでさし示すことができる。

　「問題づくり」読みの目的は、教科書の文章から必要な情報を抜き出す力をつけることです。国語の教科書の文学作品は、言葉や表現を味わうために読みますが、社会科教科書の文章は、何かを知ったり理解するために読ませます。そのためには、何が書いてあるを意識しながら読むことが大切です。「問題づくり」読みではその力をつけます。

　子どもたちには、

「1つの文章を読んだら、そこに書いてあることでクイズを作ってみよう。

ただし、答えは教科書のなかに書いてなければダメだよ」

と話します。教科書のなかに「答え」がある問題を作らせるのは、「問題づくり」読みの目的が、「歴史物知り博士」を育てることではなく、教科書の文章から必要な情報を抜き出すことだからです。

「問題づくり」読みの最初の指導では、教科書のどこかの文章を使って、教師が1つか2つ、問題と答えをつくってみせます。そのうえで、4人グループで、子どもたちに「問題づくり」読みの練習をさせます。

たとえば、6年生の教科書に次のような記述があったとします。

　　国内を統一した秀吉は、中国（明）を征服しようと考え、2度にわたって朝鮮に大軍を送りました。しかし、朝鮮の人々の激しい抵抗や中国の援軍により、やがて秀吉軍は行きづまり、秀吉が病死すると、大名たちは朝鮮から引き上げました。

（『社会科6年』教育出版教科書）

この部分を読ませた後、グループで問題を作らせてみます。繰り返しになりますが、大切なことは、問題の答えが教科書に書いてあることです。子どもたちには、

「答えは教科書のなかで指さすことができなければいけないよ」

と念を押します。

「秀吉は、どこを征服しようとしましたか？」

「中国を征服しようとした秀吉はどうしましたか？」

「朝鮮に大軍を送ってどうなりました？」

「中国を征服しようとして、2度朝鮮に大軍を送ったのはだれですか？」

など、グループのなかで作られた問題をみんなで共有します。

「問題づくり」読みのコツがつかめてきたところで、子どもたちに、

「簡単な問題で満足できない人は、ハイレベルな問題をつくってもいいよ。無理しなくていいから、やってみたい人は挑戦してみて」

と言って、レベルの高い問題のつくり方を教えます。たとえば、

　「中国を征服しようとして、2度朝鮮に大軍を送ったのがだれですか。漢
　　字で書きましょう」

と、「漢字で書く」ということをつけ加えて問題を難しくするのです。他に
も、

　「豊臣秀吉が朝鮮に大軍をおくったことについて説明しましょう」

という、1つの言葉では答えることができない問題も紹介します。

　子どもたちは「問題を難しくする」活動を楽しみます。難しい問題である
ほど、ペアやグループで楽しそうに、笑顔で問題を出し合い答え合っていま
す。「学び合う教室文化づくり」に取り組む教室では、ハイレベルな問題に
挑戦することを楽しむ子どもたちが育ちます。

(4) 社会科教科書の「キーワード」読み

　「キーワード」読みは、「問題づくり」読みの1つです。教科書中の太字
（ゴチック体）で書かれた言葉（キーワード）について「○○って何？」、人
物名だったら「○○ってどんな人？」という問題をつくります。「あたりま
え」読みで行ったこと（キーワードを教科書を見ながら説明できるようにし
ておく）を、改めて問題にして答えるというものです。

　これは当初、「問題づくり」読みの指導の時に、「問題づくり」がうまくで
きない子どもたちに指導していたものです。たとえば、社会科の教科書を読
んでいて「三権分立」という言葉が太字（ゴチック体）で書かれていたら、
そのまま「三権分立って何？」という問題をつくらせるのです。子どもたち
には「○○って何？シリーズ」という名前で通用している問題のつくり方で
す。

　問題をつくったら、教科書のなかで答えを探します。そして、

　「1つの機関に権力が集中しないように、国の政治を進める役割を、立
　　法・行政・司法の3つに分け、仕事を国会・内閣・裁判所に分担している
　　政治のしくみ」

という記述を確認し、それを答えとするのです。この方法は、簡単に問題をつくることができるうえ、ハイレベルな問題になります。そのため、社会科に苦手意識をもっている子どもたちが、得意な子どもたちに問題を出すことがあります。

問題をつくったAに、

「Aさん、これはレベルの高い問題だぞ。社会が得意なBさんにこの問題を出してごらん。完ぺきに答えられるかなあ」

などと声をかけます。このように、「キーワード」読みは、社会科が得意な子どもたちにとっても、苦手意識を持っている子どもたちにとっても、教科書のキーワードを何度か口に出し、内容を確認する機会になるのです。

(5) 社会科教科書「課題予測」読み

「課題予測」は他の①〜④までの「読み方」と異なり、授業での子どもたちの反応がきっかけでわたしが意識するようになった「読み方」です。「課題予測」読みとして、子どもたちに指導するのは以下のことです。

① 授業の「共有の課題」「ジャンプの課題」で、先生がどんな課題を考えてくるか予想しながら読む。

この読み方は、「共有の課題」と「ジャンプの課題」でデザインされた授業が軌道に乗り始めたころに子どもたちに教えるといいでしょう。

「課題予測」読みの「課題」とは、前項で紹介した「共有の課題」と「ジャンプの課題」の2つをさします。わたしの歴史の授業では、子どもたちは毎時間、「共有の課題」と「ジャンプの課題」という2つの課題に取り組むことにしています。5月の連休を過ぎるころになると、子どもたちはこの2つの課題でデザインされた授業に慣れてきます。課題を提示した時に、子どもたちが、「やっぱ、それが出たよなあ……」とか、「これが出ると思ってた」などと反応するようになるのです。「課題予測」読みは、そういう反応

を示す子どもたちのことを意識した「読み方」です。

　授業は「教師」と「子ども」と「教材」との対話で成立します。そこには、「心の読み合い」とでも言える「対話」も含まれます。教師は子どもたちの考えを読むだけではありません。自分の言葉が伝わっただろうか、この問いにはこう答えるだろう、なぜここがわからないのだろう、こういう説明をすればわかるだろう、この説明では伝わらないだろう、これを出したら混乱するだろう……など、子どもたちの「いま」と「さき」を読もうとします。「課題予測」読みでは、子どもたちに、教師の「さき」を読ませるのです。

　道徳や国語で、教師が答えさせたいことを予測して発言する子どもたちがいます。それは「よくないこと」と評価されがちです。たしかに、子どもたちが教師の求める答えを予測し、それを自分の考えより価値あるものだと考えてしまうことは問題です。また、教師が指導書に書いてある程度の答えしか準備していないのも問題です。しかし、教師が言おうとしていることや、教師が考えていることを予測することは必ずしも悪いことではありません。教師の考えを予測したうえで、それを超える答えを言葉にしようとする子どもたちを育てればいいのです。子どもたちと教師との間に生まれる、このような「駆け引き」や「勝負」のようなことは、子どもたちと教師との「対話」の1つであり、スリルのある遊びのようなものです。

「社会科教科書読み」を社会科の授業文化とする

　以上、5つの社会科教科書の「読み方」を具体的に紹介しました。この5つの読み方をすべて同時に指導するわけではありません。「あたりまえ」読みと「問題づくり」読みは毎年指導しましたが、年によって「なぜ・たぶん」読みや「キーワード」読み「課題予測」読みを加えます。

　社会科の授業前に、子どもたちがこれらの「読み方」で、教科書を十分に読んでいることがあたりまえの授業文化を育てることができたなら、「教科書解説型授業」をする必要がなくなります。教科書の隅から隅まで内容を逐一説明する必要はなくなり、社会科の本質に迫る「ジャンプの課題」に取り

組む時間が生まれ、子どもたちを「深い学び」に導くことができるのです。

　45分の授業の前に、おおよその学習内容が頭に入っているだけでなく、内容にかんして関心や興味を持つ子どもも現れるでしょう。それは、子どもたちが「主体的に」学びに参加する力になるはずです。

　家庭で「教科書読み」をしてこない子どもがいても、「共有の課題」を4人グループの「対話的な学び」で取り組むことで、教科書レベルの内容を学ぶことはできます。また、「教科書の読み方」をしっかり育てておけば、新型コロナによる休校と同じような状況に再び陥ったとしても、教科書を使った「学び」が1人でも可能になります。

「社会科教科書読み」を子どもたちはどう受け止めたか
「社会科教科書読み」を体験した6年生の声に耳を傾けてみましょう。

　僕は4年生まで、ただ指定された回数だけ読んで、自分がすらすら読めていないまま終わったりしていました。だから5分くらいで終わっていました。だけど、あたりまえ読みをし始めたら、回数で決めないで、自分が読めるまで読もうと考えが変わりました。おかげで、すらすら読めるようになりました。問題づくり読みでは、テストに出そうな問題を想像しながらつくりました。教科書の中に答えがあるのですぐに答えあわせができてよかったです。キーワード読みでは、キーワードに注目していたので、テストでたくさん点をとれるようになりました。

　僕は、社会の教科書を読む3つの読み方で、特に問題づくり読みが大切だと思います。なぜかというと、問題づくり読みは、ちゃんと教科書が読めるかの確かめになるし、大事なところや言葉を問題にすれば、すぐに覚えることができると思うからです。それに、テストに出そうな言葉や文を問題にすれば、テスト前のいい復習にな

ると思います。もちろん、他の2つの読み方も大切だと思います。この3つの読み方をすれば、教科書だけでも深い学びができると思います。

　この2つの声には「学力向上」をめざす教師たちが喜ぶような内容が書かれているのですが、わたしにとって、テストの点数がアップすることなどは「おまけ」のようなものです。それ自体を目的にしているわけではありません。「教科書読み」の指導によって、結果的に「テストの点数アップ」したというだけのことです。テストでいい点数がとれることよりも、社会科の授業のなかで「深い学び」を経験する方がはるかに重要なことだと考えます。

国語科教科書の「読み方」を育てる

　わたしが教科書の「読み方」を指導しているのは社会科と国語科です。今度は「国語教科書の読み方」について、文学作品の「読み方」に限定して紹介しましょう。

　国語の文学作品の「読み方」は、社会科教科書の読み方と共通する部分と異なる部分とがあります。わたしは、国語で文学作品を扱う時、以下の4つの読み方を子どもたちに教えています。

　　【国語科教科書（文学作品）の読み方】
　　(1)「あたりまえ」読み
　　(2)「意味調べ」読み
　　(3)「味わい」読み
　　(4)「表現」読み

以下、それぞれの「読み方」を紹介します。

(1) 国語教科書「あたりまえ」読み
「あたりまえ」読みで、子どもたちに具体的に話すのは以下の内容です。

①　スラスラ読めるまで、教科書を声に出して何度も読む。
②「これ」や「それ」などの言葉に立ち止まりながら読む。

　社会科の「あたりまえ」読みと同じような「読み方」です。教科書の文章を、つかえることなく、正確に読めるようになることをめざします。社会科の教科書読みに加えて、文章のなかに「これは……」「このように……」というような言葉が出てきたら、頭のなかで「どれは？」「どのように？」とつぶやいて、前の文章から答えをさがすことも指導します。
　「スラスラ読む」というのは、子どもたちにとって、自分の読みの練習量を考える判断基準のようなものです。すばらしい読みとして「スラスラ読む」ことを追求させるわけではありません。

（2）国語教科書「意味調べ」読み
「意味調べ」読みでは、子どもたちに次のことを指導します。

①　わからない言葉や気になる言葉を辞典で調べたり人に聞いたりして、
　　わかったことを教科書に書いておく。

　教科書を読んでいて意味がわからない言葉や気になる言葉に出会った時、国語辞典などで言葉の意味を調べ、調べたことを教科書にメモしておくのが「意味調べ」読みです。ここ数年は、いわゆる国語辞典ではなく、スマホやパソコンで「言葉」を検索する子どもたちが現れてきましたが、家庭学習においてはどちらを使うのも自由にしています。スマホやタブレットを使う子どもたちには紙の国語辞典のよさを話し、紙の国語辞典を使う子どもたちにはスマホやタブレットのよさを話します。
　同様の指導で、調べた意味をノートに書かせる教師もいますが、わたしは教科書のなかに書かせることにしています。

特に注目させたい言葉がある時は、その言葉を指定したり、「各ページで最低3つの言葉を調べてこよう」という課題の出し方をしたりすることもあります。「わからない言葉があったら調べる」にすると、「なんとなく意味がわかるレベル」で終わってしまうため、あえて辞典で調べさせ、その言葉の多様な意味や使い方に出会わせたいと考えるからです。

（3）国語教科書の「味わい」読み

「味わい」読みで、子どもたちに具体的に指導するのは次の2つです。

① 読みながら「いいなあ……」と感じた言葉や表現に線を引き、何がよかったのかを教科書に書いておく。

② 読みながら頭に浮かんできたイメージや、感じたことを教科書に書いておく。

「学び合う教室文化づくり」に取り組む教室の子どもたちの国語の教科書には、たくさんの書き込みがしてあります。「意味調べ」読みで調べた語句の意味だけなく、教科書を読みながら「いいなあ……」と感じたり、気になったりした言葉や表現に線を引き、それについて自分が感じたり考えたりしたことを、教科書のなかに書き込んでおくのです。授業が始まる時には、子どもたちの国語教科書には、さまざまな「書き込み」読みがされています。

　社会科の教科書の「読み方」と大きく異なるのが、この「味わい」読みです。「味わう」というのは、石井順治先生の教育実践に学ばせてもらってから、わたしが文学作品の授業でもっとも大切にしていることです。

「国語教科書の読み方」に「なぜ・たぶん」読みがない理由

　文学作品を「味わう」ということを意識していなかったころ、わたしが子どもたちに指導していたのは「なぜ・たぶん」読みです。文学作品を読む時には、

「読んでいて、なぜ？　と感じた部分に線
を引き、自分なりの答えを見つけて、教科
書に書いておこう」

「読んでいて、わかった！　ということが
あったら、教科書に書いておこう」

という指導をしていました。

　文学作品でも「なぜ・たぶん」読みを指導
すると、子どもたちは、文章のなかの言葉や
表現に立ち止まるようになります。

「なぜ、ごんはいたずらばかりしていたの
だろう」（「ごんぎつね」）

「なぜ、お父さんはコスモスをあげたのだ
ろう」（「一つの花」）

「書き込み」がなされた
教科書

「なぜ、太一はお父のかたきの瀬の主をころさなかったのだろう」（「海の
命」）

など、文章を読んで「なぜ」で立ち止まらせることはそれほど難しいことで
はありません。

　子どもたちは、作品を読みながらさまざまな「なぜ」を言葉にします。そ
して、「なぜ」を考える授業は盛り上がります。子どもたちは、教科書の文
章を根拠に自分の解釈を活発に交流し合います。そういうグループ学習の様
子を見れば、多くの人たちは「活発に話し合っている」とか、「生き生きと
学んでいる」などとプラスに評価するでしょう。「学び合う教室文化づくり」
に取り組む教室でなくても、「なぜ」を考える授業は、子どもたちの「対話
的な学び」を活性化することになるのです。

　それにもかかわらず、わたしが文学作品の授業で「なぜ」を考える授業に
疑問を感じるようになったのには、佐藤学先生や石井順治先生の文学作品に
対する考え方に出会ったからです。文学の授業の本質は「なぜ」を問い、そ
の答えを求めることではないと考えるようになったのです。「なぜ」の正解

を探し求める活発な授業より、言葉や表現を味わう授業に魅力を感じるようになったのです。

　もちろん国語の授業のなかで、子どもたちから「なぜ？」が出されることはあります。そういう時には、「あなたはどう考えたの？」と問う程度にし、それ以上深くグループで考えさせたり、全体の課題として取り上げたりすることはしません。

　文学作品の授業で「なぜ？」をどう扱うかは、教師の文学作品に対する指導観によって異なります。どちらが正しいか、間違っているかという話ではありません。現在のわたしは、「なぜ」の答え探しを目的として、子どもたちが活発に意見を交流するような授業よりも、文章中の言葉や表現の感じ方（味わい）を静かに交流するような授業に大きな魅力を感じているのです。

(4) 国語教科書の「表現」読み

「表現」読みで、子どもたちに具体的に指導するのは次のことです。

① 教科書を、みんなに「読み聞かせ」をするつもりで読む。
② 聴いている人に、その場面が浮かんでくるように読む。

　「表現」読みとは、教室のみんなの前で朗読していることをイメージしながら読むという読み方です。とくに自分が立ち止まった文章中の言葉や表現の部分を含め、場面の様子を思い描きながら、そしてそれが聴いている人に伝わるように読むことを子どもたちに求める、子どもたちにとってはたいへん高度な「読み方」です。

　時々、授業で時間をとって、グループでどんな「読み方」がいいのか考えさせることがありますが、子どもたちはたいへん意欲的に活動に取り組みます。わたしからは、会話部分が演劇の台詞のようになりすぎないように注意をする程度で、あとは子どもたちに自由に任せます。子どもたちは、仲間が読むのを聴いては、「○○の様子が浮かんできた」とか「兄弟の関係が伝わ

ってきた」などと、自分の感じたことを語り合い、さらに高度な読みに挑戦します。

　以上、わたしが指導する4つの「国語教科書の読み方」を紹介しました。もちろん、宿題としているからと言って、すべての子どもたちの教科書に「書き込み」がしてあるわけではありません。しかし、教室の7割の子どもたちが教科書を読んできていれば、すべての子どもたちを巻き込んだ「深い学び」が生まれる授業になります。

教科書の「読み方」を考える

　教科書の「読み方」の指導は、「教科書解説型授業」を「深い学び」のある授業に変えるために必要です。授業になって初めて子どもたちが教科書を開くようでは、教師は、永遠に「教科書解説型授業」から抜け出すことはできません。「主体的・対話的で深い学び」を実現することはできません。「受験があるので探究的な授業ができません」と口にする自分自身を変革することもできません。それが、子どもたちに教科書を読む力を育て、授業までに教科書を読み込んでいるという授業文化をつくることで、「主体的・対話的で深い学び」のある授業を実現できるのです。

　ここでわたしが紹介したのは、小学校高学年の社会科教科書と国語教科書の文学作品の「読み方」だけでした。国語教科書の説明的文章ではどのような「読み方」を身につけさせればいいのか、理科ではどうだろう、英語は？……本書を読んで興味をもった教師たちが、それぞれの教科の教科書の「読み方」を考え、言葉にし、交流することができたらすてきだと思います。

　子どもたち1人ひとりに「教科書読み」の力が育つにしたがい、「先生が教えてくれた読み方より、もっといい読み方を考えました」と口にする子どもたちが現れるかもしれません。「学び合う教室文化」が育つということは、そういう子どもたちが育つということです。

「教科書読み」の指導をスタートさせましょう

「教科書読み」の指導はすぐにスタートできます。学期の初めでなくても、たとえば月曜日からでも、新しい単元に入る時からでもスタートできます。

どんなことを指導するにも、スタートが大切です。「教科書読み」の指導でも、スタートを大切にします。何より大切にしたいのは、「教科書の読み方」を学ぶということを、子どもたちに意識させることです。たとえば、国語教科書の「読み方」を指導する時には次のような話をします。

「今日から、国語の教科書の読み方を教えるよ。小学4年生の今、教科書の読み方をしっかり身に着けておけば、高学年になっても中学生になっても役にたつよ」

というような話をし、子どもたちに目的意識を持たせます。

子どもたちに指導する「読み方」は、本書の内容をそのまま利用してもかまいませんが、目の前の子どもたちにとってもっともふさわしいと思う「読み方」を考え指導するのもいいことです。わたしが気がついていない「教科書読み」のポイントがあったら、ぜひ言葉にして子どもたちに指導してほしいと思います。

言葉だけで指導するのでは不十分です。説明をしたら、実際に練習をします。「問題づくり」読みならば、グループで「問題づくり」読みの練習に取り組ませるのです。こうして、実際にやってみて「問題づくり」読みを学ぶのです。

指導したその日の宿題に「教科書読み」を出します。

> 宿題　　① 国語教科書読み　P120〜125

そして、翌日の国語の時間の最初に10分ほどの時間をとって、宿題の確認をします。

たとえば、以下のようなやり方で宿題の確認をします。

① ペア（向かい合ったペア）で、交代に読んで「あたりまえ」読みの確

認をする。

② 　ペア（隣りのペア）で、教科書を交換して、「意味調べ」読みや「味わい」読みのあとが教科書に残っているか確認する。

③ 　4人グループで、「味わい」読みの交流をする。

　教科書に何も書いていない（宿題がやってない）子どもがいても叱ることはしません。それよりも、

「自分がうまく読めなかったところを友だちに聞いてもらおう」

「友だちが調べた言葉の意味を書き写させてもらおう」

「友だちが線を引いたところに線を引いて、友だちがどんなふうに味わったのか、内容を書き写させてもらおう」

「友だちがつくった問題をヒントに、自分で問題をつくってみよう」

などと、声をかけます。

　叱ることで、子どもたちに「教科書を読む力」が育つわけではありません。宿題で取り組まなければいけなかったことを、学校でやらせてみる方が力がつくのです。

　「教科書読み」の実践が広まるなかで、どんな「教科書の読み方」が出てくるか想像するとわくわくしてきます。子どもたちや保護者に呼びかけて「わたしイチオシの教科書の読み方」を募るのも楽しいかもしれません。集まった読み方に「○○ちゃん式読み方」「□□のパパちゃん式読み方」などの名前をつけて子どもたちに紹介します。「△△先生式読み方」「校長先生式読み方」……など、いろいろ広がっていきそうです。

　国語の授業の始めに、

「昨日は□□のパパちゃん式で練習してきた」

「ぼくは兄ちゃん式で練習してきた」

などと笑顔で会話をする子どもたちの姿を想像してしまいます。

「わたしの学び」を記録する「教科日記」

実践・12

教科日記
● 45分で完結しない授業文化づくり(2)

学びの記録としてのノート

　板書を写したり算数問題を解いたり、教師の言葉をメモしたり……小学校1年生から大学生まで、わたしたちはさまざまな教科で「ノートづくり」をしてきました。

　子どもたちが個々にタブレット端末を持ち、活用するのがあたりまえになっている今日においても、紙のノートは「学び」のための道具として役割を持ち続けると考えます。

　ノートづくりには以下の3つの目的があります。

【ノートづくりの目的】

目的1・授業前の準備、授業中の課題の解決、授業後のふり返りのため

　　① 授業のために必要なことを書く（予習）

　　② 課題に対する自分の考えを書いたり、問題を解いたりする（授業中）

　　③ その日に学んだことができるか確認する（復習）

目的2・その日の授業の「記録」のため

　　　　① 板書を書き写す

　　　　② 先生の話や友達の考えをメモしておく

　　　　③ 正答の記録（算数・英語など）

　　　　④ 自分の学びの記録（授業感想・「教科日記」）

　　　　⑤ 授業で用いたプリント資料の貼付

　　目的３・何か特別な目的のため

　　　　① 中間期末テスト、高校入試対策……

　　　　② 見学や調べ学習のメモ

　　　　③ 自主学習

　　　　④ 構想メモ　その他

　実践12で紹介する「教科日記」は、目的2の「その日の授業の『記録』のため」のノートづくりの実践にあてはまります。

　「その日の授業の記録のため」のノートと聞いて多くの人々がイメージするのは、板書をノートに書き写すことでしょう。その日の授業の要点が美しくまとめられた板書や、授業のなかで出された考えが書いてある板書をノートに書き写すことは、これまでの教室で日常的に行われていました。

　わたし自身、「いい板書」をしたいと考えていた頃（20代）、授業のなかで時間をとって板書をノートに書き写させていた時期もありました。しかし、「学び合う教室文化づくり」に取り組むなかで、次第に「板書の書き写し」に疑問を感じるようになり、「社会科」では板書を書き写させることをやめました。

　「板書の書き写し」をやめた理由の1つめは、板書を書き写す時間がもったいないからです。中・高校生のように、話を聴きながら書き写すことが難しい小学生には、板書を書き写す時間をとる必要があります。個人差もあり、どうしても5分〜10分の時間がかかってしまいます。

　「書き写せてない人は友だちのを見せてもらって」
と言って、授業を終えなければならないことも何度もありました。そこで板

234

書を書き写すために使う時間を、課題を考える時間にあてたいと考えたのです。

　「板書の書き写し」をやめた理由の2つめは、「話を聴くこと」と「対話すること」を大切にしたいと考えたからです。高学年になれば、話を聴きながら書くということもできなくはありませんが、たとえ表面上できていたとしても、話を聴く精度は落ちるでしょう。グループ活動の時間に板書を写しているようでは、「聴き合う関係」で結ばれた「対話的な学び」をすることはできません。板書を書き写すことより、話をしっかり聴くことを大切にしたいと考えました。

　「板書の書き写し」をやめたのは「社会科」だけで、国語や算数では、授業のなかで時間をとって板書を書き写させます。ただ、子どもたちが書き写す板書は、教師が要点などをわかりやすく工夫してまとめたものではなく、授業で出された子どもたちの考えや、考えた問題の正答や誤答（算数）などです。家に帰ってから「教科日記」を書く時に役に立つ授業の記録として、「板書の書き写し」をさせています。

　本節で紹介する「教科日記」は、わたしが実践を始めて15年ほどの取り組みでしかない実践ですが、これからの教科の「ノート指導」に大きな影響を与える実践だと思っています。45分間の授業を超えて、子どもたちを「深い学び」に導くノート指導の実践であり、生涯にわたる「学び」を実現する可能性を持っている実践であると思います。

　「教科日記」については、2012年2月19日に開催された「財団法人中央教育研究所　第15回教育シンポジウム in 東京 学力向上分科会」や、同年7月30日に滋賀県大津市で行われた「第14回授業づくり・学校づくりセミナー」で報告したことがあります。他にも、2018年6月23日に福井大学で開催された「実践研究福井ラウンドテーブル」では、「教科日記の可能性」というテーマで、「算数日記」について報告しました。拙著『学び合う教室文化をすべての教室に』（世織書房、2018年）でも紹介しています。

「教科日記」の取り組み

　「教科日記」とは、その日の授業について日記のように書いてくる宿題です。算数の授業について書くのが「算数日記」で、国語の授業について書くのが「国語日記」です。

　1日5～6教科のすべての授業の「教科日記」を書くわけではありません。「教科日記」に取り組んだ主な教科は、社会科（「社会日記」・「歴史日記」）、算数科（「算数日記」）、国語科（「国語日記」）です。「社会日記」・「歴史日記」は毎時間、「算数日記」は考えることが中心の授業を行った時、「国語日記」は文学的教材を扱った時に書かせました。それ以外の教科でも時々、「総合日記」「図工日記」「道徳日記」「音楽日記」などを書かせました。

　子どもたちは1年間ほぼ毎日、1～2教科の「教科日記」を書き続けます。

　授業の終わりの短い時間に書かせる「授業感想」と違い、「教科日記」は家で授業についてじっくり時間をとって書くことができます。多くの子どもたちが1つの「教科日記」に15分～30分ほどかけますが、なかには60分以上かけて書いてくる子どももいます。

　子どもたちは授業をふり返り、どんなことをしたのか、それについて自分はどう感じたり考えたりしたのか、どんなことがわかり、わからなかったのか、どんなところがおもしろいと感じ、難しいと感じたのか、友だちはどんな考えをしたのか……などを思い出し、言葉にするのです。

子どもたちが書いた「教科日記」

　実際に子どもたちが書いた「教科日記」を紹介します。「教科日記」を書き始めて約半年たった10月22日の愛美の「国語日記」です。5年生の10月、椋鳩十の「大造じいさんとガン」を学んでいる時に書いたものです。

> ### 愛美の「国語日記」
> 　今日は、共有課題で「ほおがびりびりするほど引きしまるのでした」と、ジャンプ課題で「あかつきの光が、小屋の中にすがすがし

く流れ込んできました」という言葉に注目しました。

　この2つの言葉以外にも、私は、「かれの本能」の「かれ」という部分にも注目しました。それは、今まで大造じいさんは、残雪のことを「やつ」と言っていたけど、今回は、「かれ」と言っていて、残雪を見直した感じが伝わってきました。

　そして、共有課題に入りました。田中さんはこの文から、きんちょうしている大造じいさんの様子が感じられると言っていました。でも私は、大造じいさんは、前からずっと残雪と戦ってきていて、「やっとこの時が来たぞ、今回はたおしてやるぞ」という気持ちが感じられました。また、「びりびり」が効果的な表現じゃないかと思いました。

　そしてジャンプ課題をやりました。渡部さんが、わらの間（すき間）から光が差し込んでいる感じと言いました。このことから、私たちの班では、わらのすき間から、夜明けのうすぐらい、やさしい光が差し込んでいる場面の様子が感じられるとしました。また、鈴木さんは「あかつきの光」とすることで、特別な感じがすると言っていました。確かにこの文は、前やった「秋の日が美しくかがやいていました」という文と似ている感じで、あるとないとで比べるのもいいなと思いました。

（20分）

　愛美は、この「国語日記」を20分で書いています。分量的には、B5版A罫（7㎜）の大学ノートの1ページほどになります（子どもたちにはB5版A罫の大学ノートを使うよう指導しています）。授業で取り上げた課題について、同じグループの友だちの考えに出会いながら、愛美自身がどのように感じたのかを自分の言葉で表現しています。

　次に紹介するのは、6年生の優子が書いた「算数日記」です。

　優子の「算数日記」

　共有課題では、半径4cmの円の中に正八角形をかく方法を考えました。中の三角形の底辺と高さをはかり、三角形の面積の公式を使って求め、×8をしてかきました。

　ジャンプ課題では、正八角形を切り、横に並べたものから、円の面積の公式がどうやって生まれたのか考えました。まず、平行四辺形のような形だったので、平行四辺形の面積の公式を考えてみました。底辺×高さでした。島本くんが「底辺がこの下の部分じゃない」と言っていたので、じゃあ、この半径が高さじゃないと班で話し合いました（実際の「算数日記」のなかには図が描かれているが省略）。そしたら長野くんが、「底辺って半円周」と言っていて、式にしてみました。円周の半分だから、8×3.14÷2とわかりました。確かに底辺は円の半分だし、公式の半径×半径×3.14につながるなと思いました。正確には8×3.14÷2だけど、8÷2にして4×3.14と短くすれば、半径×3.14になると思いました。底辺×高さなので半径をかけます。島本くんが、「かけ算は順番を変えても答えは変わらない」と言っていて、半径×3.14×半径を、半径×半径×3.14とすれば、円の公式と同じになります。形を変えて円を求めているとは思ってなくてびっくりしました。

　　　　　　　　　　　　　　　　　　　　　　　　　　　　（30分）

　円の面積公式を導き出す授業をした日の「算数日記」です。

　子どもたちは、まだ円の面積公式を学んでいません。この日の算数の「ジャンプの課題」は、「上の図から円の公式がどうやって生まれたか考える」でした。上の図とは、面積を求めたい円に内接する正八角形を、円の中心を頂点とする8つの二等辺三角形に切り分け、それを上下4つずつ平行四辺形の形に近づくように並べた図のことです。

　「算数日記」には、同じグループの仲間との「対話的な学び」を通して、

238

円の面積の公式になっていったことが記録されています。この「算数日記」は30分で書かれたものでしたが、なかにはノート2ページ以上にわたって文字で埋めつくされた「教科日記」を書いてくる子どももいます。60分は時間のかけすぎであることを指摘すると、「気がついたら60分になってた」という言葉が返ってくるようなことがしばしばありました。

「教科日記」の初期の指導では、授業のことが思い出せなかったり、どう書いていいかわからなかったり、何を書いていいかわからなかったりなどの理由で、時間だけが過ぎていくような状況に陥いる子どもたちがいます。そういう子どもたちには、「15分以上は時間をかけないように。1行でも2行でも何か書いてみよう」「20行も書かなくていいから、まずは5行をめざそう」などと個別の指導をします。また、中学校受験などが目前に控えている子どもにも制限を加えることはあります。「教科日記」を書くことに夢中になってしまい、受験勉強の時間が確保できない心配があるためです。自由に書かせると、「教科日記」を超える「教科レポート」のような分量を、長時間をかけて書いてくるため、時間制限（15分以内）や量の制限（20行以内）を行いました。

初めての「教科日記」指導

初めて「教科日記」に取り組ませる時には、新しい年度の第1回めの授業（国語・算数・社会）のなかで、資料を用いてていねいに説明をします。もちろん指導の開始は、4月でなくてもかまいません。2学期の始めでもいいし、ゴールデンウィーク明けといった何かの節目でもいいでしょう。ただ、子どもたちの「やる気」があふれている年度の始めは、もっともいい時期だと思います。国語・算数・社会のの3教科で指導をしておけば、他の教科でも対応できます。

初めての「教科日記」の指導は、資料を準備していねいに行います。スタートをていねいにすることは、教育実践の基本です。どれだけ働き方改革が進んだとしても、この点を疎かにすることはできません。

　前年度に「教科日記」に取り組んでいたなら、その子どもたちが書いた「教科日記」のコピーを子どもたちに示して説明すれば、子どもたちは何をどんなふうに書いたらいいのかイメージしやすくなります。

　子どもたちに見せる「教科日記」は、比較的よく書けているものを選びます。大学ノート1ページに書かれた作品を見て、「こんなにたくさん書けない」と感じる子どももいるでしょう。そういう子どもたちのことを考えて、次のように話します。

　「みんなは、こんなに書けないと思っているだろ？　大丈夫、3学期には書けるようになっている。もちろん、最初からこんなに書くのは無理だ。最初は、2、3行からスタートしよう。それがいつの間にかこれぐらいの教科日記を書けるようになっている。もしかすると、これ以上の教科日記を書く人も出てくるかもしれないね」

　おもしろいことに、この言葉に反応して、最初からそれに近いレベルの「教科日記」を書いてくる子どもがいます。

　「学び合う教室文化づくり」に取り組む教室では、子どもたちに少し高めの目標に出会わせるようにします。「子どもたちには無理だろう」と考えて、同程度かそれより低い目標を設定してしまえば、子どもたちはそれ以上伸びません。現在の子どもたちのレベルよりも高いものに出会わせることで、教師の予想を超えて伸びる子どもたちが育つのです。

　以下に紹介するのは、わたしが実際に「教科日記」の指導のために準備した資料です。2021年度の6年生36人の子どもたちに、第1回めの授業（算数びらき）で、前年度の6年生が書いた「算数日記」のコピーを見せながら、「算数日記」について説明をしました。

「教科日記」の目的

> ### 「算数日記」を書こう
>
> 　「算数日記」とは、その日の算数の授業について書いてくるという宿題です。なぜ、「算数日記」を書くのでしょう。
>
> 　「算数日記」を書く目的は、その日の算数の授業のことをしっかり記録しておくためです。授業で学んだことは時間がたてば忘れてしまうので、忘れないように記録しておくのです。
>
> 　その日の算数の授業で学んだことを家に帰って思い出しながら書くことにより、その日に学んだことが忘れにくくなります。また、前に書いた「算数日記」を見ることで、前に学んだことを思い出すことができます。
>
> 　「算数日記」には自分のことを書くことが大切です。自分がわかったことやわからなかったこと、自分が考えたこと、自分がまちがえたりわからなかったことなど、自分のことが書いてあることが大切です。そんなものはどこに行っても買うことができません。つまり「算数日記」が書いてある算数ノートは、世界にひとつしかない、自分の大切な「学びの記録」なのです。
>
> 　　　　　　　（4月最初の算数授業「算数びらき」の資料より）

　「算数日記を書きなさい」と言って書かせるのではなく、なぜ「算数日記」を書くのか、「算数日記」を書くことでどんないいことがあるのかを、子どもたちと共有したうえで実践をスタートするのです。1つの教育実践に取り組もうとする時、その目的や方法を子どもたちと共有することは大切です。

「教科日記」を書く目的
　「算数日記」をはじめ「教科日記」には以下の3つの目的があります。

①　自分の「学びの足跡」を残す

②　自分自身に出会い対話する

③　仲間に出会い対話する

「教科日記」を書く第1の目的は、自分の「学びの足跡」を残すことです。その日の授業でどんなことをしたのか、自分が何をどう学んだのかを思い出して言葉にし記録しておくのです。「教科日記」を読むことで、子どもたちは、その日のその授業に戻ることになります。「今日の授業で何をやったかな？」と授業をふり返り、授業中にあったことや考えたことなどを思い出して書いていきます。それは「何をしたか」という学習内容の記録だけではなく、「わたしはどう学んだのか」という自分の「学びの足跡」そのものです。

1週間後、「先週の授業で何をやった？」と思って「教科日記」を読む時、その授業のことがよみがえります。1年後に、「5年生の時に、どんなふうに学んだっけ？」と「教科日記」を読むことは、1年前の授業の自分自身の「学び」に出会うことになります。

「教科日記」を書く第2の目的は、その授業を受けていた時の自分自身と出会い対話することです。家に帰ってから、その日の授業について丸ごとふり返りながら、自分自身の「わかり方」や「わからなさ」、感じたことや考えたことなど、自分自身と再び出会い対話することになるのです。

子どもたちが出会うのは、その日の授業での自分だけではありません。しばらく時を経てから「算数日記」を読むことで、数日前や数か月前の自分と出会い対話することになるのです。〇月〇日の授業では何を学び、自分がその時にどんな課題に対してどんな考えを言葉にしていたのか。簡単に理解できたのか最後まで理解できなかったのか。その課題に取り組みながら何を感じていたのか……その時の自分にもう一度出会い対話することになるのです。「算数日記」を読んで過去の自分に出会うことで、子どもたちは自分の成長を実感することにもなります。

第3の目的は、「仲間に出会い対話する」ことです。授業のなかで、ノー

トを交換して「教科日記」を読み合うことがあります。仲間の「教科日記」を読むことで、子どもたちは仲間の考え方や感じ方と出会います。自分と同じ考え方をしている仲間や、自分がまったく思いつかなかったような考え方や感じ方をしている仲間たちに出会うことで、子どもたちの考えはさらに豊かになるのです。

このように、「教科日記」が記されたノートは、「学びの足跡」をたどる道具となり、自分や仲間に出会い対話するための道具となるのです。

「教科日記」の3つの「ふり返り」

「教科日記」を書く意味を「ふり返り」という視点で考えてみましょう。「教科日記」に取り組む子どもたちは、3つの「ふり返り」を経験します。

　①「書くこと」でふり返る」
　②「残すこと」でふり返る
　③「仲間と共有する」ことでふり返る

1つめが「書くこと」でふり返るということです。「教科日記」を書くことで、その授業で取り組んだ課題や、その課題に仲間とどう取り組んだのかを思い出しながら、自分自身の「学び」をふり返ることになります。「教科日記」を書くことで、子どもたちはその授業の「学び直し」を行っているのです。

2つめは、「残すこと」でふり返るということです。その授業で取り組んだ課題や、自分自身の「学び」を記録して残しておき、後にそこに戻ることで、「この時、ぼくは○○と考えていたんだ」「この時のぼくは、○○がわかっていなかったんだ」……などと、自分自身が主体となって「学び」をふり返ることになるのです。

3つめが、「仲間と共有する」ことでふり返るということです。お互いが書いてきた「教科日記」を読み合うことで、他者の視点から、その日の授業

をふり返るのです。仲間の「算数日記」のなかに自分が行った説明の様子が詳しく書かれているのを読み、自分の説明が相手にどのように受け止められていたかを知ることができます。仲間の「算数日記」の記述のなかに、自分が表現したくてできなかった表現に出会うこともあるでしょう。ここでも「学び直し」が行われているのです。

「教科日記」に何を書くのか

　初めて「教科日記」に取り組ませる時には、以下のように、どんなことを書けばいいのか説明します。

「算数日記」に書くこと
① その日の授業で「どんなこと」をしたかを思い出して書きましょう。
② みんなで考えた問題について、自分はどう考えたのか、友だちはどんな考えをしたのかを思い出して書きましょう。
③ よくわからなかったところについて、そのことをできるだけくわしく書きましょう。
④ わかったことがあったら、どうやってわかったかくわしく書きましょう。
⑤ だれがどんな考えを言っていたか、それを聴いて自分はどう考えたのか書きましょう。

（4月最初の算数授業「算数びらき」の資料より）

　この説明だけで書ける子どももいますが、書けない子どももいます。そういう子どもたちには、たとえば、
　「今日の算数の授業について、何でもいいから書いてみよう」
　「読めば今日の算数の授業のことが思い出せるように書いてみよう」
　「今日の算数の授業についての日記を書いてきて」

などと話します。

　そして何か書いてきたらほめ、次にどのようなことを書けばいいのか個別
の指導をします。

「教科日記」へのコメントについて

　子どもたちは、家から「教科日記」を書いてきます。その「教科日記」に、
時々、赤ペンでコメントを書き加え、次の授業で返却します。ノートを手に
した子どもたちは、教師の赤ペンコメントを読みます。その後、お互いの
「教科日記」を読み合います。

　「教科日記」のスタート期は、子どもたちが書く量も少なく、朝にノート
を提出させて帰りに返却することが可能ですが、子どもたちの書く内容が充
実してくると難しくなります。それでも14、5人程度の人数なら、休み時間
や空き時間（専科の授業時間）などを使えば、全員の「教科日記」にコメン
トを書くことはできますが、20人を超えると難しくなります。36人の6年生
を担任した時には、「教科日記」スタート期の2、3回ほどは、家に持ち帰る
などして全員の「教科日記」にコメントを書きましたが、それ以降は「教科
日記」に目は通すものの、毎回コメントを書くことはしませんでした。時々、
家にノートを持ち帰ってコメントを書きました。

　36人の子どもたちの「教科日記」を読み、コメントを書く作業は3時間以
上かかります。子どもたちの疑問に答えたり、子どもたちの考え方に対して
わたしの考えを書いたりするのですが、子どもたちの書く内容が充実してく
るにつれ、わたしの書くコメントの量も多くなっていきます。さすがに集中
して3時間コメントを書き続けていると、手首が痛くなります。

　しかし、子どもたち全員のノートを家に持ち帰って「教科日記」を読むの
は、楽しい時間です。「仕事の持ち帰り」は、現在の「働き方改革」の動き
に逆行していますが、子どもたちの「教科日記」を読んでコメントを書く時
間は、わたしにとっては、おもしろい本を読むように楽しい時間です。すべ
ての子どもたちが、その日の授業をどのように受け止めていたのかがわかる

のですから、教師にとっては宝物のようなものです。

　あえて教師の「働き方改革」の議論につなげるとしたなら、「仕事の持ち帰りはやめましょう」ではなく、「学校でノートにコメントを書く時間がつくれるようにしましょう」ということになります。教師としての楽しさを感じる時間をカットする「働き方改革」は好ましいことではありません。

子どもたちや保護者とつなげるコメント

　「教科日記」へのコメントでは、質問に答えたり、子どもたちの考え方に対してわたしの考えを書くだけでなく、子どもたちどうしをつなげ、保護者につなげるコメントもします。たとえば、見方や考え方を広げたいと思った子どもの「教科日記」のコメントの終わりには、

　「Hさんは、ちがう考え方をしていたよ。教科日記を読ませてもらおう」

　「Iさんは、誰にも思いつかない考え方をしていた。おもしろいから読ませてもらおう」

などと書き添えます。

　保護者とつなげるためには、「教科日記」のコメントの終わりに、

　「先生はこれを読んで感動した。先生だけが読むのはもったいない。家の人にも読んでもらい、うーんとほめてもらおう」

　「すごい考えだと思います。この考えについて、家の人の意見を聞いてみたら？」

などと書き添えるのです。

　子どもたちの「教科日記」を読んだ保護者のなかには、同じノートにコメントを書いてくださる方もいました。また、家でほめてもらった話を、子どもたちから聴きました。高学年の子どもたちにとっても、教師からほめられ、保護者からもほめられることは嬉しいようです。

　意図的にそうしたわけではないのですが、いわゆる勉強が苦手な子どもたちの方が、テストで満点をとる子どもたちよりほめるコメントが多かったように思います。「教科日記」を読む時は、それを書いている子どもの顔や、

授業中の姿を頭に浮かべています。たとえ、読むのに苦労する文字であって
も、ノート2ページにもなる分量を書いていると、「よくがんばったなあ」
と思います。同じように、前回4行しか書いていない子どもが10行も書いて
いればほめたくなります。漢字テストで苦労している子どもが、教科日記の
なかでたくさんの漢字を使っているような時にも同じような気持ちになりま
す。「教科日記」を通してその子どもの「がんばり」が伝わってくると嬉し
くなり、ついほめる言葉が多くなるのです。

　また、勉強が苦手とされるJの「教科日記」に、学力テストで満点をとる
Kが書いていないオモシロイ内容を見つけることがあります。そういう時に
は、Jのノートには、

　「……きみのその考えはすばらしい。6年生の誰も書いていなかった。ク
　ラスできみ1人だけだ。家の人に読んでもらってうーんとほめてもらお
　う」

などと書き、Kのノートには、

　「Jさんの教科日記には、Kさんが考えていなかったことが書いてあったよ。
　読ませてもらおう」

などとコメントします。「教科日記」の交流が始まると、さっそくKがJの
席に行き「教科日記読ませて」と声をかけ、ノートを交換して「教科日記」
の交流が始まります。Jにとってはレベルの高い「教科日記」にふれる機会
となり、Kにとっては、自分の考えをさらにレベルアップする機会となると
同時に、Jへの理解を深める機会となるのです。

「教科日記」とハンコ指導

　ノート指導に限らず、さまざまな指導でハンコ（スタンプ）を使う教師が
います。提出物を見たという確認のハンコであったり、提出物を評価するた
めのハンコであったり、その目的はさまざまです。

　わたしは、もともとハンコ指導に対しては否定的でした。特に、評価する
ためのハンコ指導には問題があると思っていました。子どもたちがハンコを

テストの点と同じように考え、ハンコをもらうことをめざすようになると考えていたからです。

　そんなわたしが、限定的にせよ「教科日記」でハンコ指導を行うようになったのは、試しに使ってみたところ、子どもたちの反応がよかったからです。

　2021年度の「歴史日記」では、釈迦堂遺跡（山梨県にある縄文時代の遺跡。多くの土偶が発掘されていることで全国的に有名）で発掘された土偶をデザインした手作りのハンコ（消しゴムはんこ）を用いました。はじめは、書いている分量を基準にして、5行でも書いてあればハンコを1個、ノート半分くらいなら2個、ノート1ページ近く書いていたら3個というハンコの数を決め、ノートに押しました。

　ハンコを使い始めると、予想していたとおり、子どもたちはハンコの数を気にするようになり、ハンコ1つより2つを喜びました。もちろん「教科日記」の質が高まることは悪いことではないのですが、ハンコの数がテストの点数と同じような役割をするのはおもしろくありません。そこで、どうせハンコを使うなら、どれだけ書いているかという量的な基準はやめることにし、次のように「おもしろさ」を基準として考えました。

　【2021「教科日記」ハンコ指導の基準】
　　ハンコ1つ　合格。ハンコ1つもらえば十分。
　　ハンコ2つ　先生がおもしろいなあと感じた。
　　ハンコ3つ　内容がおもしろくて、感動して先生をうならせた。

　ハンコが1つで残念そうな顔をしている子どもたちには次のように話しました。
「ハンコが1つついていれば合格だ。何もがっかりすることはない」
　さらに、次のように話しました。
「ハンコが2つついているのは、先生がおもしろいと感じた内容だ。おもしろい考えをしていたり、おもしろいことをやってみたり。教科日記の内

容で先生をおもしろがらせたらハンコ2つにする。反対に、ノート2ページに書いてあっても、先生がおもしろいと感じなかったらハンコは1つだ」

その話を聴いて目を輝かせる人がいます。さらに、次の言葉を付け加えます。

「おもしろい内容で、読んでいて先生をうーん……とうならせるような作品にはハンコ3つあげよう……でも、これはめったにないから、3つもらおうなんて考えない方がいい」

1つのハンコは、「宿題をやりました」という意味であり、それ以上のハンコは「おもしろさ」の評価であることを子どもたちに説明しました。子どもたちにとってハンコはゲームのようなものです。ハンコ1つより2つ、2つより3つというレベルアップする楽しみは、遊びのなかで子どもたちは身につけています。ゆるいハンコ1つの上の世界に、遊び感覚で挑戦しようとする子どもたちが出てくるのは目に見えていました。

子どもたちには、「おもしろい」の感じ方は人それぞれ異なることを話した上で、さらに、

「たとえハンコが2つつかなかったとしても、それは、先生が『おもしろい』と感じなかっただけで、他の人が読めば『おもしろい』」と感じるかもしれない」

と話しました。

わたしが「おもしろい」と感じてハンコを2つつけたのは、たとえば、学校で学んだ内容を家族と話題にしたことを書いたものや、学校で取り上げた課題を家に帰ってもう一度考え直して、考えを深めたりユニークな考えを加えたりしたものです。時々、「おもしろい」と感じた「教科日記」を紹介したので、子どもたちのなかには、こういうことを書けば先生がおもしろがる……と考えていた人もいたと思います。

ハンコがつかない「教科日記」も少しだけありました。「今日の算数では○○をやりました」的な文章を2、3行で書いただけの作品です。そういう

「教科日記」には、どんなことを書いたらいいのか赤ペンで具体的に指導を
しました。

　ハンコを指導に使うか使わないかは、教師がそれぞれ考えればいいことで
す。もちろん、ハンコを使わなくても「教科日記」の指導はできます。

「教科日記」の活用

　授業の始めにノートを子どもたちに返却すると、子どもたちはハンコの数
を確認し、わたしが書いたコメントを読み始めます。

　しばらくすると、1人の子どもの机に4、5人の子どもたちが集まります。
「Jさんの『教科日記』を読ませてもらおう」と、わたしのコメントがあっ
た子どもたちです。

　席を離れた2人がノートを交換することもあります。やはり、わたしが、
お互いの「教科日記」を読み合うようコメントした子どもたちです。それ以
外の子どもたちも、グループ内でノートを交換して、「教科日記」を読み合
いコメントし合います。

　授業のはじめの「教科日記」の交流では、ただ読み合いコメントし合うだ
けでなく、さまざまな工夫ができます。たとえば、「教科日記」を交流する
前に、

　「『わからない』ことを書いてきた人はいないかな？」

と、「教科日記」のなかに書かれた「わからない」に注目させることもあり
ます。その他にも、

　「授業の内容について、家族と話をしてきた人はいないかな？」

　「昨日の授業では誰も考えなかった新しい考えについて書いてきた人はい
　　ないかな？」

　「先生がおもしろがる内容が書いてあるかな？」

などと問いかけ、「教科日記」の交流をします。そして、該当する記述があ
ったら、その部分をみんなに発表してもらいます。

　授業のはじめの5分程度の時間ですが、わたしが直接「教科日記」を読ん

でコメントを書くことができない時には、この方法で「教科日記」の指導を行いました。

「教科日記」を書くことでどんないいことがあるか

「教科日記」については、拙著『学び合う教室文化をすべての教室に』でも紹介し、また、全国各地でお話しさせてもらいました。そういう機会に「教科日記」のことを知り、実践に取り組み始めた教師もいます。「教科日記」に取り組まれている教師は、それぞれ実践の手応えを感じているようです。

わたしは、久那土小学校の時代（当時は「授業コメント」）から15年以上「教科日記」に取り組んできました。その実践を通して、わたしは「教科日記」に以下の9つの魅力を感じています。

この9つは、「『教科日記』を書くことでどんないいことがあるのですか？」と、教師や保護者、そして子どもたちから問われた時の、わたしの答えにもなります。

【「教科日記」の実践としての魅力】

(1) 子どもたちが「学び直し」を行う（授業をふり返ることによる学び直し）

(2) 子どもたちの知識が定着する（学習内容の定着）

(3) 授業で学んだことを、他につなげる（学びの広がり）

(4) 子どもたちが自分に出会う（自分との出会い）

(5) 子どもたちが仲間と出会う（仲間との出会い）

(6) 教師が子どもたちの「学び」に出会う（「学び」の確認・子どもたちの発見）

(7) 保護者がわが子の「学び」に出会う（保護者の間接的学習参加）

(8) 子どもたちの「書く力」が育つ（書く力）

(9) 子どもたちの「聴く力」が育つ（聴く力）

以下、具体的に「教科日記」の魅力を紹介しましょう。

（1）授業をふり返ることによる学び直し

「教科日記」は宿題です。それ以外にも、算数教科書の練習問題や、算数ドリル・計算ドリルといった問題集を宿題にすることもあります。どちらも宿題ですが、練習問題的な宿題と「教科日記」とには大きな違いがあります。

練習問題的な宿題の主な目的は、習得した知識や技法の確認と習熟です。授業で学んだことが「できるかどうか」確かめたり、しっかりできるまで練習することを子どもたちに求めます。

それに対して「教科日記」は、知識や技法の確認や習得というより、その日の授業を「丸ごとふり返る」ことに特徴があります。これが大きな違いです。その授業でどんな課題に取り組んだのか。その課題に「わたし」はどう取り組んだのか。何がわかり、どこでつまづいたのか。そのつまづきをどう克服したのか（できなかったのか）など、「教科日記」を書きながら、45分の授業を最初から振り返ることになります。

「授業をふり返りましょう」と言うことは簡単ですが、どうやって授業をふり返るのか、子どもたちには具体的な指導が必要です。教科書やノートをめくってふり返るという方法もあるでしょうが、わたしは、「教科日記」を書くという方法で、子どもたちに授業をふり返らせています。

「教科日記」という宿題で、子どもたちは、20分とか30分かけて、その日の授業を最初から最後まで丸ごとふり返ります。教室で学んだことを、家でもう一度「学び直し」をしているのです。

（2）学習内容の定着

何をもって「確かな学力」と言い「知識が定着する」と言うのか、ここでは問題としません。わたしは、「教科日記」を書くことで学習内容が身につくと考えますが、数値で表せるような根拠があるわけではありません。その

252

日の授業を家で丸ごとふり返りながら文章化するのですから、それなりに学習内容は身につくだろうと考えているだけです。

「歴史日記」を書くことを考えてみましょう。「歴史日記」を書く時には、人物名やキーワードを自分の文章のなかに位置づける必要があります。たとえば、「自分の娘を天皇の后にすることで権力を高めていくやり方が気に入らない」ということを書く時に、文章のどの部分で「藤原道長」という言葉を書くのか考えなければなりません。そして、

　「わたしは藤原道長のやり方が嫌いです。道長は、自分の娘を……、もし
　わたしが藤原道長の娘に産まれていたら……」

という文章を書いたとします。これだけの文章のなかで「藤原道長（道長）」という言葉を3度も文字にすることになるのです。こういう経験の方が、穴埋め問題の（　）のなかに「藤原道長」と1度だけ書くより、「藤原道長」という言葉を確かなものにするだろうと思います。

　算数の授業で、円の面積の求め方を、公式に頼らずにグループで考えたことを「算数日記」に書くとします。「算数日記」を書くことは、円の面積公式を使って問題を解く練習をする宿題とは異なります。授業で学んだのは、公式を知らなくても、今まで学んだことを使って課題を解決するということです。円の面積の公式にどうやってたどりついたのかということは、練習問題でふり返ることはできません。

(3) 学びの広がり

「教科日記」は、授業の様子のみを思い出して書くのではありません。「おもしろい」内容を書くように指導しているので、授業で取り上げた課題を家族と一緒に考えたり、学校での学びをテレビの内容や読書、ネット検索などにつなげたりしたことを書いてくる子どもたちもいました。

　たとえば、「長篠の戦い」の授業では、穴山梅雪という戦国期の人物（武田信玄と関係を深めていた国衆）を取り上げました。その授業について書いたある子どもの「歴史日記」には、授業について家族と話したところ、祖母が

穴山梅雪の子孫だという話を母から聴いて驚いたという内容が書かれていました。そういう「教科日記」は、「おもしろい」と評価し、子どもたちに紹介しました。

　授業について自由に書くことができる「教科日記」だからこそ、子どもたちは、家族と話題を共有したり、テレビ番組とつなげたり、本で読んだことにつなげたりするなど、主体的に学びを広げることができるのです。

（4）自分と出会う

　子どもたちは家に帰り、その日の授業を丸ごと思い出し「教科日記」を書くことで、その授業での自分に出会うことになります。課題に対して、まったく解決の糸口を見つけることができなかった自分や、仲間のアドバイスで理解できた自分、仲間に教えることでさらに理解が深まった自分……など、その授業のなかでのさまざまな自分に出会いと対話をしながら「教科日記」を書くのです。

　「教科日記」は書いて終わりではありません。使い終わったノートはすべて教室にストックして、いつでも見ることができるようにしています（写真参照）。授業のなかでも、時々、前のノートをふり返る時間を意図的に作ります。学期や年度の終わりには、使い終わったノートを机の上に積み重ね、「学び」をふり返る時間をとることにします。

　過去の「教科日記」を開いている子どもたちからは、

　「この時はこんなことを書いてた」

　「この時の授業はおもしろかったなあ」

などと、数か月前の自分のことを楽しそうに話す声が聞えてきます。

　「教科日記」を読んでいる時間、子どもたちは、その授業での自分に出会っているのです。そして、数か月前の学習内容とその時の自分に出会いながら、「今だったら……」と、現在の自分の視点で、学習内容や課題について対話をしているのです。

　小学校時代に書いた「教科日記」の価値は、小学校を卒業してからも失う

254

使い終わったノートは教室にストックする

ことはありません。実際に、小学校時代の「歴史日記」が書かれた社会科ノートを使っていると話す中学生も何人かいます。嬉しいことです。

子どもたちが中学生や高校生になって、小学校の社会科で沖縄の基地問題について書いた「歴史日記」を読んだ時のことを想像します。「小学校の頃はこんなことを考えていたんだ。今は……」と、どんな言葉を心のなかでつぶやくのでしょう。

「学び」を1つの授業のなかで完結させるのではなく、その後に続くものにしようとする時、「教科日記」は、自分の「学びの足跡」をたどる、地図のような役割を果たすと考えます。「教科日記」があることによって、連続する「学び」が生まれるのです。

（5）仲間と出会う

お互いの「教科日記」を読み合うことで、子どもたちは、仲間の感じ方や考え方に出会います。自分の考えに共通する内容に出会ったり、自分にはなかった考えや表現に出会い対話をします。

授業は、教師が教え子どもたちが教わるとイメージされがちですが、「学び合う教室文化づくり」に取り組む教室では、子どもたちは教師から学ぶだけでなく、仲間からもたくさんのことを学びます。「教科日記」の交流は、そういう子どもたちの「学び合い」の場となるのです。

教師の仕事は、子どもたちが「教科日記」を読み合う時間と場をつくることです。授業開始の5分間をグループで「教科日記」の交流させる他に、たとえば、「教科日記」を交流させる場として第1章で紹介した「学びのWALL」（第1章実践2）に、子どもたち全員の「教科日記」を掲示すること

もあります。また、6年生の歴史の学習で「アジア・太平洋戦争」を取り上げた時は、3回分の授業の「歴史日記」をすべて印刷して冊子にし、みんなに配ったこともありました。

　「教科日記」の交流で子どもたちが出会っているのは、仲間の考え方や感じ方だけではありません。同時に、個別の「ひと」・「〇〇さん」にも出会っています。「Aさんって、そんなふうに考えたんだ……」「Bさんはおもしろいことを考えたな……」「Cさんの意外な一面を知ったな……」「Dさんは、自分と同じような考えをするんだなあ……」「Eさんが、平和について自分より深く考えていたのは以外だった……」と、一緒に生活している仲間その「ひと」に出会っています。そういう出会いが、教室の人間関係を豊かにするのです。

(6)「学び」の確認・子どもたちの発見

　教師であるわたしにとって「教科日記」を読む時間は楽しい時間です。「教科日記」を読むと、子どもたちが学習課題に対してどんな考えをしていたかがわかり、子どもたちが授業をどのように受け止めていたかがわかります。それらはすべて次の授業づくりのヒントやエネルギーになります。

　「教科日記」は教師の通信簿とも言えます。わたしが描いていた授業デザインと比べて現実の授業はどうだったか、「教科日記」を読めばわかるからです。わたしが伝えようとしたことや、考えさせようとしたことを、子どもたちがどのように受け止めていたのか、「教科日記」が教えてくれます。

　一般的なアンケート調査と異なり、「教科日記」の向こうには、子どもたちの顔がはっきり見えます。だから「教科日記」を読む時は、その顔を1人ひとり思い浮かべながら、「Aはおもしろい考えをしていたな」とか「Bにはもっとていねいに説明が必要だった」、「Cは間違った考え方をしているので次の時間に補足説明をしよう」……などと心のなかでつぶやいています。

　高校入試や大学入試で生徒たちが書く小論文からは、子どもたちの顔は見えません。そのため、教師の仕事は、評価基準や模範解答を参考に採点する

だけの仕事になります。しかし、「教科日記」には子どもたち1人ひとりの顔が見えます。そのため、「教科日記」を読むことは、「どう書いていたか」という「学び」の確認だけでなく、「誰が書いたか」ということで、子どもたちの「発見」にもつながるのです。こういう評価は、AIには難しだろうと思います。

（7）保護者の間接的学習参加

「教科日記」は、時々保護者にも読んでもらうことがあります。保護者に宿題としての「教科日記」のチェックをお願いするわけではありません。「教科日記」を読んでもらい、子どもたちの「学び」にふれてもらうこと、「教科日記」を読むことを楽しんでもらうことが目的です。

保護者は、教室で授業に参加するのではありませんが、「教科日記」を読むことで、間接的に子どもたちの学習に参加することになります（「保護者の学習参加」については、第2章実践8を参照）。

さまざまな機会を利用して、保護者に「教科日記」を読んでもらうよう呼びかけます。たとえば、保護者向けに発行している学級通信で、実際の作品を紹介して「教科日記」を読む楽しさを紹介します。保護者との懇談会でも、「教科日記」の魅力をアピールします。

子どもたちの「歴史日記」へのコメント（赤ペン）の最後に、「すばらしい歴史日記です。お母さんお父さんにも読んでもらってうーんとほめてもらいなさい」などと書き加えておくことは前にも述べました。

保護者のなかには、教師から呼びかけなくても、積極的に「教科日記」に目を通す人もいますが、そのなかには、文章のミスを修正したり、ひらがなを漢字に直させたりすることに気が向いてしまう人がいます。そういう時は、

「指導するという気持ちではなく、子どもたちの学びを楽しむという気持ちで教科日記を読んでください」

と、保護者に話します。

保護者がわが子の「学び」に出会い、それを楽しんでもらうことが重要です。

(8)「書く力」が育つ

「教科日記」に取り組んで1か月もすれば、わたしだけでなく、子どもたち自身が、「書く力」がついてきたことを実感するようになります。始めは5、6行しか書けなかった子どもたちが、すぐに10行、20行の文章を書くようになるからです。これには、子どもたちはもちろん、保護者も驚きます。

　毎日のように、大学ノートに1ページ近い（600字程度）の文章を書き続けている（2教科の場合はその倍）のですから、文章を書くことに慣れてくるのです。それは、「作文」でもその力を発揮します。毎年、さまざまな作文コンクールで入賞する子どもたちが現れるのも驚くことではありません。

「教科日記」を「書く」経験は「考える」力を育て、「言葉をつくる」力を育てます。「学び合う教室文化づくり」に取り組む教室の子どもたちが、自分の考えを自分の言葉でよく語るのも、「対話的な学び」のなかにどっぷりつかっていることや、「教科日記」を書き続ける経験が大きく影響していると思われます。

(9)「聴く力」が育つ

「教科日記」は、「書く力」だけではなく、話を「聴く力」も育てます。子どもたちが「教科日記」に書くことを前提にして、友だちの話を聴こうとするからです。

「教科日記」には自分のことだけではなく、友だちが感じたことや考えたことに対して自分がどう考えたのか書きます。そのため、子どもたちは、グループの「対話的な学び」のなかで、友だちが語ることを聴くことに集中します。聞き流していれば、「教科日記」に書くことができません。

「教科日記」に取り組み始めた頃は、「教科日記」が「聴く力」を高めることは考えてもいなかったのですが、ノートの片隅に小さく、友だちの考えのメモがしてあったり、「教科日記」のなかに実際に書かれた友だちの考えを見たりするなかで、そう考えるようになりました。

「教科日記」に取り組む子どもたちの声

　初めて「教科日記」に取り組んだ子どもたちは、「教科日記」についてど
んなふうに考えていたのでしょう。2019年度の5年生の子どもたちが、「教
科日記」に取り組み初めておよそ2か月（6月25日）たった時に書いた作品
（「教科日記」について）をいくつか紹介しましょう。

　ぼくは、最初、教科日記があまり書けませんでした。他の人にア
ドバイスをもらって書くと、とても書くことができました。6、7
行くらいから、20何行くらいになったので、親もおどろいていま
した。でも、1番おどろいたのは、ぼくでした。こんなに書けるな
んて、たくさん書ける人は、書き方を教えるのが上手だなあと思い
ました。ぼくは教科日記を書いていて良かったことがあります。そ
れは文章力がついたことです。この前に宿題に出た作文も、たくさ
ん書くことができました。でも、まだ30分くらい教科日記に時間
がかかってしまいます。すぐに終わらせる人もいるので、もっと早
く教科日記が書けるようにしたいです。　　　　　　　　〔信太朗〕

　私は、今まで家に帰ってからその日の授業をふり返ることがあり
ませんでした。でも、教科日記を始めた事で、その日1日何があっ
たかを考えるようになりました。そして、最初の時よりも書く量が
多くなりました。社会はサポートプリントを読めばいいけど、算数
などは考えなくてはなりません。でも、最近は意外と授業の内容を
思い出すことができています。私は書く時に内容がしっかりしてい
ないと、いくら書いてもだめだと思います。だから、その日の授業
の事をくわしく書くことを意識しています。でも時々、班の人が言
ったことがまざってしまう時があります。なので、これからは学校
にいる間に確認しておきたいです。これからも、量も多く、そして

内容もしっかりと、くわしく書きたいです。　　　　　〔涼香〕

　私は教科日記を書いていてよかったと思うことが2つあります。1つめは、書く力がついたことです。初めは1ページぐらいだったけど、だんだん増えていって2ページぐらい書けるようになりました。4年生の時よりも書くのが得意になった気がします。2つめは前の授業をふり返られることです。日記が書いてあるので1週間前はどんなことを勉強したか思い出すことができます。なのでいいです。お母さんに見せたら「すごいじゃん。この」調子でがんばれ！」と言ってくれました。お姉ちゃんにも見せたら「始めたばかりでこれはすごい！」と言っていました。私は、たまに箱だけで中身がない時があるので、具体的に書いて、書く力をつけたいです。
　　　　　　　　　　　　　　　　　　　　　　　　　〔心美〕

　私は教科日記を書き始めて、4年生のころは文がぜんぜん書けなかったのに、びっしりと文を書けるようになりました。それをお母さんに見せたら、すごいとほめてくれました。教科日記を初めて書いた日は、3行しか書けませんでした。でも、次の日は25〜30行も書けました。何回も書いているとなれてきました。先生に、ふくろうのはんこをおしてもらって、そのとなりにほめている言葉が書いてあったのがとてもうれしかったです。でも、書くのに20〜30分かかってしまい手がつかれてしまいます。終わるとやっと終わったと言ってしまいます。たしかにたいへんだけど、集中している時は、どんどん書けます。　　　　　　　　　　　　　　　〔優梨〕

　ぼくは、教科日記を書いてきて、はじめは「全然書けないかもなあ」と思っていました。だけど、意外と書けるようになってきました。ぼくは、教科日記を書いてきて良かったなあと思うことが2つ

あります。1つめは、ノートをふり返る時に、その教科日記を見ると、その時にぼくがどんな気持ちだったのか分かったから、「あの時はこんな気持ちだったんだなあ」と思い出せました。2つめは、4年生の時は、もしかしたら帰りのころには、その日に学んだことが言えなかったかもしれません。だから、教科日記があることで、その日やったことをふり返ることができました。ぼくは、最近、教科日記をたくさん書いて、家の人などに「良く書けたねえ」などと言われます。ぼくはたくさん書くのも大事だけど、まとめる力も大切だなあと思いました。これからも教科日記を書いて、「あの日、何やったっけ」「今日、何やったっけ」などと、忘れないようにしたいです。　　　　　　　　　　　　　　　　　　　　　　〔智宏〕

　ここにあげた作品も含め、多くの子どもたちが、自分に「書く力」がついてきたことを自覚しています。また、「教科日記」が自分の「学び」をふり返るために役立っていることも自覚していました。

　子どもたちの言葉に出てくる「箱だけ」というのは、学習内容がずらずらと書かれていたり、「○○しました」というように、活動したことだけが表面的に書いてあるということです。そういう「教科日記」には、「教科書やサポートプリントに書いてある事は、それを見ればいいのだから書かなくていいよ。それより、それを学んだ自分がどうだったのか書こう」「その友達だちの考えを聴いて自分はどうだったのかを書こう」などと、「箱の中身」を書くよう指導をしました。

「教科日記」をスタートさせましょう

　まずは、ノートの準備です。わたしは、小学校3年生以上は、いわゆる「学習ノート」ではなく、指定した「大学ノート」を使わせていました。子どもたちが扱いやすいサイズであるB5版を指定しました。厚さは30枚綴じで、リング綴じになっていないものをを使わせました。薄いノートを使わせました。

薄いノートを使わせたのは、ノートが1冊、2冊……と増えていく楽しみを経験させるためと、もう1つ、ノートを回収したり家に持ち帰る時の便利さを考えてのことです。罫線は小学3年生にはU罫のもの、4年生以上はA罫のもので、どちらもドットが入っていてマスとして利用でき、長方形や正方形などの図が描きやすいものにしました。

学びの成果としてのノート

　次は、ノートの表紙づくりです。「社会 №1」「国語　№1」とタイトルと№を書きます。6年生ですと、算数ノートは15冊ほど、国語と社会は2〜3冊になります。タイトルと№の下には、ノートの使い始めの日を「4月4日〜○」と書きます。「〜」以下には使い終わりの日付を書くことになります。最後に出席番号と氏名を書きます。

　どの教科にも共通する「ノートの約束」を説明します。

　① 授業日と授業のタイトルを書くこと
　② 日が変わったら、ノートは新しいページにすること
　③ ノートの後戻りはしないこと

　ノートの後戻りとは、時々、ノートを使い切ってしまった子どもが、新しいノートを準備できない時に、前のページをめくって空いているスペースに書くことを防ぐためです。なかには常に4、5冊の新しいノートを学校にストックしておく子どもたちもいましたが、うっかり新しいノートが準備できなかった子どものために、わたし自身も10冊程度のノートをストックしておき、必要な子どもに渡すこともありました。

　算数ノートにかんしては以下の約束を追加します。

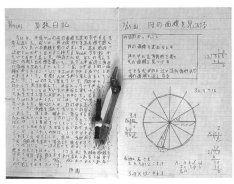

「算数日記」が書いてあるノート

④ 間違えはケシゴムで消さ
  ずに残しておくこと

ノートの準備が整ったら「教
科日記」の指導です。

本書で紹介した「教科日記」
にかんする資料や、実際の子ど
もたちの「教科日記」など、ご
自由に使っていただいてかまい
ません。学級活動の時間でも教科の時間でも1時間使って「教科日記」の指
導をしましょう。その後は実際に書かせてみます。すでに「授業感想」を書
いてきた子どもたちなら、「授業の終わりに書いていたのを、家から書いて
くるんだよ」と言えばいいでしょう。そういう経験がまったくない子どもた
ちには、「今日の宿題は日記です。今日の算数の時間のとこを思い出して書
いてこよう」と話します。

初めは、何か1つの教科で書かせるといいでしょう。第1回めからノート
1ページになるような量を書いてくる子どもはいます。そういう子どもたち
はもちろんほめますが、それ以上に大切なことは、4行でも5行でも書いて
きた子どもたちをほめることです。まったく新しい宿題に挑戦したことをほ
めるのです。

子どもたちの「教科日記」の量は増えていき、質も高くなっていくことを
日々実感するようになります。そういう子どもたちの取り組み状況を、子ど
もたちとふり返ったり、学級通信などを使って保護者に伝える機会も作りま
しょう。

使い終わったノートを、子どもたちがいつでも使える状態でストックでき
る場所を教室内につくりましょう。わたしは、子どもたち1人ひとりのボッ
クスファイルをロッカーの上に並べ、そこにストックさせました。

「教科日記」への教師のコメントは、スタート期の1〜3回は、少し無理を

してでも全員にコメントしたいものです。それ以降は無理をせず、グループ
ごとに分けてコメントするとか、時々、土・日に家に持ち帰り子どもたちの
「学び」を楽しみながらコメントすればいいでしょう。

　嬉しいことに、同じ学校に勤務する若い教師だけでなく、全国の学校で
「教科日記」に取り組みはじめた教師たちがいます。そいう教師のなかには、
わたしが言葉にできていない実践の手応えを感じている方もいるでしょう。
本書では、わたしが考える「教科日記」の9つの魅力について紹介しました
が、これ以外にも、まだわたしが気づいていない魅力を発見している方もい
るかもしれません。また、「教科日記」の実践上の課題に直面している方も
いると思います。実践を交流し合いながら、お互いの「教科日記」の実践の
質を高めていきたいと思います。

あとがき
――自分の言葉で教育実践を語る教師がつながる

　現在わたしは教員養成に力を入れる大学の教授という肩書きを持ち、教育方法論の講義と演習を担当しています。そのため、わたしのことを知らない方は、本書を、教育学の研究者が書いた「教育学研究の本」だと思うかもしれません。

　しかし、本書は「教育学研究の本」（いわゆる専門書）ではありません。公立小中学校の教師であったわたしが、自分が担任する教室で、子どもたちや同僚たちと共につくりあげた教育実践について書いた「教育実践の本」です。本書で紹介する「学び合う教室文化づくり」という教育実践は、大学の研究室で生まれたものではなく、教育現場で生まれたものなのです。

　教育について語ることは誰にでもできます。教育評論家や教育学者はもちろん、教育に力を入れていると自負している政治家、ニュースバラエティ番組に登場するコメンテーターたちも教育について語ることはできます。保護者として語る人もいれば、教育行政に関わる者、教育現場で教育に携わる者として語る人もいます。「ランドセルの重さ」や「ブラック校則」など、子どもたち自身が教育について語ることもできます。言論の自由が保障されている日本では、誰もが自由に自分の考えを表現することができるのです。

　全国に120万人いるとされる教師たちの多くは、それぞれの学校で仲間と語り、保護者に向けて語っています。本の出版という形で語る教師もいれば、ネットを利用して語る教師もいます。その内容は、国語や算数、社会といった教科の指導方法や指導技術について、生徒指導について、特別なニーズを持った子どもたちについて、いじめが生まれない教室づくりについて、ブラ

ックと言われる教育現場について……など、日本の教師が担っているすべて
のことについてです。

　教育を語るうえで、わたしが大切にしていることは、誰に向けてどんな言
葉で語るのかということです。

　本書は、学校現場で「主体的・対話的で深い学び」の実現をめざして教育
方法を模索している教師たちや教師を志す方々、さらに、教師の実践を直接
的・間接的にサポートする教育関係者や、教育に関心があるすべての方々に
向けて書きました。そうした方々の1人でも多くの方々に「学び合う教室文
化づくり」について知っていただき、その方法を紹介したいと考えて書きま
した。

　本書には、欧米の研究者の言葉の引用はありません。「こんな取り組みを
したら、こうだった」という教育実践とその「手応え」を、職員室で隣の席
の同僚に語るようなつもりで書きました。自分の実践を通して学んだことを、
自分の言葉で語るということは、これまでわたしがずっと心がけてきたこと
であり、現在も心がけていることです。

　本書が、多くの教師や、教師としての生活をスタートさせようとしている
方々にとって、「学び合う教室文化づくり」の第1歩を踏み出す「足場」と
なることを願っています。公立学校の教室で生まれた教育実践「学び合う教
室文化づくり」が世界の教室に広がっていき、自分の教育実践を自分の言葉
で語る教師たちの小さなつながり（共同体）が世界中に生まれ、教育の大き
な力になっていくことを夢見ています。

　　　　　　＊

　さて、本書の帯に東京経済大学教授の高井良健一さんが言葉を寄せてくれ
ました。高井良さんは、私が市川中学校（1997〜2001年）に勤務していた時
から最後の身延小学校（2015〜2021年）に勤務していた時まで、定期的に学
校を訪れ、授業を参観してくださいました。公開研究会で、わたしの授業の
コメンテーターをしていただいたこともあります。高井良さんと佐藤英二さ
ん（明治大学）、岩田一正さん（成城大学）、そしてわたしと4人で毎年1回、

12月に顔を合わせる「国分寺の会」も10年以上続けています。わたしの「学び合う教室文化」づくりの実践を誰よりも理解してくださっている高井良さんにお言葉をいただけたことをうれしく思っています。この場で感謝の気持ちを伝えたいと思います。

　前著『「学び合う教室文化」をすべての教室に』（2018年）に続き、今回も世織書房の伊藤晶宣さんには、たいへんお世話になりました。どうすればわたしの言葉が多くの人々に届くのか、共に考えてもらいました。感謝いたします。

　本書で紹介した12の教育実践と、この実践に取り組まれる教師のみなさんに、わたしは「教室の未来」を託します。そして、「学び合う教室文化」づくりに取り組む教室で学ぶ子どもたちに、これからの社会の未来を託します。

　2024年2月20日

著　者

著者紹介

古屋和久 (ふるや・かずひさ)

1961年山梨県市川三郷町（旧市川大門町）生まれ。山梨大学教育学部を卒業後、山梨県内の小・中学校に勤務する。この間、1991年、東京大学教育学部学校教育学科研究生として、佐藤学氏（東京大学名誉教授）のもとで学ぶ。その後、山梨県教育委員会学術文化財課で『山梨県史・民俗編』の編集・執筆に携わる。2003年より「学びの共同体」理論に基づく教育実践研究を本格化する。2009年、NHK総合テレビ「クローズアップ現代"十歳の壁"を乗り越えろ」、2012年、NHK・Eテレ「ETV特集『輝け二十八の瞳』学び合い支え合う教室」で実践が全国に紹介され、以後、全国各地の研究会で講演する機会をえている。2022年、身延町立身延小学校を定年退職し、現在公立大学法人都留文科大学教養学部教授。教育方法論ゼミ担当。「学び合う教室文化」を育てる実践研究、民俗を活かした授業実践研究を専門とする。ゼミのモットーは「優秀な教師より、おもしろい教師をめざそう！」。趣味は、街歩き・珈琲・喫茶店めぐり・天神人形収集などなど。

著書に『民俗と教育実践——伝説との出会い』（日本図書刊行会、1999年）、『はじめての民俗学』（分担執筆、ミネルヴァ書房、2012年）、『知って役立つ民俗学』（分担執筆、ミネルヴァ書房、2015年）、『「学び合う教室文化」をすべての教室に——子どもたちと共に創る教室文化』（世織書房、2018年）などがある。

「教室の未来」を創る 12 の教育実践
───「学び合う教室文化づくり」による教室改革

2024 年 4 月 1 日　第 1 刷発行 ©

著　者	古屋和久
装幀者	M．冠着
発行者	伊藤晶宣
発行所	（株）世織書房
印刷所	新灯印刷（株）
製本所	協栄製本（株）

〒220-0042　神奈川県横浜市西区戸部町7丁目240番地　文教堂ビル
電話 045-317-3176　振替 00250-2-18694

〈価格は税別〉

世織書房